Chronicon Eiderostadense vulgare

Chronicon
Eiderostadense vulgare
oder die
gemeine Eiderstedtische Chronik
1103=1547

von
Johannes Jasper

mit einer Übersetzung ins Hochdeutsche
von
Claus Heitmann

Verlag H. Lühr & Dircks
2252 St. Peter-Ording
1977

© by Verlag H. Lühr & Dircks
(Inhaber Jürgen-Erich Klotz)
Badallee 10, Postfach 49
2252 St. Peter-Ording

Herstellung und Verlag:
Books on Demand GmbH, Norderstedt
ISBN: 978-8334-8195-6

Vorwort zur 2. Auflage

Die erste Ausgabe des „Chronicon Eiderostadense vulgare", der „allgemeinen eiderstedtischen Chronik", von Johannes Jasper ist längst vergriffen, diese Fundgrube zur Geschichte von Eiderstedt. Die Neuherausgabe der ältesten Chronik Eiderstedts soll daneben aber auch an den Mann erinnern, dessen hervorragendes Wirken der Geschichte Eiderstedts galt: Johannes Jasper, der zuerst eine volkstümliche Ausgabe des „Chronicon Eiderostadense vulgare" vorlegte.

Johannes Jasper war der Sproß eines alten Dithmarscher Bauerngeschlechtes, dessen urkundlich bezeugter ältester Ahn gegen Ende des 17. Jahrhunderts als Hausmann in Thalingburen bei Meldorf lebte. Johannes Jasper wurde am 29. August 1860 als Sohn eines Landmanns in Wehren bei Wesselburen geboren, wirkte nach seiner 1875 erfolgten Konfirmation als Präparand in Oldenswort und studierte dann von 1878—1881 am Lehrerseminar in Eckernförde. Seine erste Anstellung fand er in Westerdeichstrich bei Büsum. Anschließend war er bis 1924 Lehrer in Oldenswort-Osterende. Seinen Ruhestand verlebte er in Heiligenstedten bei Itzehoe, wo er am 3. 11. 1932 starb. Johannes Jasper verfaßte über hundert heimatkundliche und geschichtliche Arbeiten, die zum größten Teil in Verbindung mit dem Verlag von Lühr und Dircks erschienen.

Die Grundlage von Jaspers Veröffentlichung war die Abschrift des „Chronicon", welche sein Landsmann Johann Russe aus Lunden etwa 1547 angefertigt hatte und die A. L. J. Michelsen 1829 im Staatsbürgerlichen Magazin abdrucken ließ. Die vorliegende Neuherausgabe konnte zum Vergleich noch auf eine zusätzliche Handschrift der Hamburger Staatsbibliothek zurückgreifen (Codex hist. 60), die nicht von Russe stammt. Hierdurch konnte oft zusätzlich eine Klarstellung der Jasperschen Ausgabe erzielt werden.

War es Jasper bewußt, daß auch der erste bekannte Verfasser einem Dithmarscher Geschlecht entstammte?

Liest man die ersten Eintragungen der Chronik genau durch, so erkennt man aus der Schilderung des Totschlags an Jon Jonsen, dem Staller Eiderstedts, im Jahre 1461, daß nur Dirck Scriver und/oder sein Bruder Wenni Sywens als Verfasser in Frage kommen. Nun starb Dirck nach Angabe im Exemplar der Husumer Gymnasialbibliothek von Peter Sax's Beschreibung der Lande Eiderstedt, Everschop und Utholm am 10. Februar 1462, also kurz nach der Ermordung des Stallers. Wenni Sywens starb aber erst 1487. Er kann auch für die Teile vor 1462 (dem Tod seines Bruders) in Frage kommen, besonders wenn man in Betracht zieht, daß Wenni als Schreiber des Utholmer Vogts Epe Wunnkens die erneuerten Urkunden von 1445 kennen konnte, in denen die Vorgänge geschildert wurden, die zur Vernichtung der Wogensmannen führten, welche vor 1370 die Kirche von Westerhever zu ihrem befestigten Stützpunkt ausgebaut hatten. In der Tat findet sich von 1461 bis 1487 der Gebrauch von „wir" und „mein gnädiger Herr" in den Notizen.

Fortgesetzt wurde die Chronik dann bis 1491 von Jasper Walstorp, Priester zu Oldenswort. Wennis Sohn Junge Wenni war mit einer Schwester von Tete Jons verheiratet. Dieser lebte von 1467 bis 1539 in Witzwort. Von ihm stammen u. a. die Nachrichten von 1508 und 1515, in denen in der ersten Person geschrieben wird. Tetes Sohn war der Landesadvokat Ove Tetens auf Eickmark, von dem Johann Russe vielleicht eine Kopie der Chronik bekommen haben mag. Ove Tetens Söhne Jon und Mewes

Ovens haben die Chronik bis 1620 fortgesetzt. Auch der Schwiegersohn des Mewes, Iven Johns, hat eine plattdeutsche Chronik hinterlassen.

Wenni Sywens nun war ein Nachkomme aus dem Geschlecht der Wennemannen, die auf der langen Hemme südlich von Oldenswort gewohnt haben; dies Gebiet gehörte vor 1250 noch zu Dithmarschen. Die Chronik der Wennemannen reicht bis 1100 zurück; als Verfasser dürfte Dirck Scriver gelten. Die Freundlichkeit gegenüber den Dithmarschern der ersten Verfasser bemerkt man ziemlich deutlich in der Schilderung der Kämpfe zwischen Eiderstedter und Dithmarschern von 1403 und 1417. Aus allem ergibt sich demnach, daß etwa von 1460 bis 1620 die Geschichtsschreibung Eiderstedts in der Obhut einer Familie gewesen ist.

Gewisse Teile der Chronik vor 1488 sind nur aus der damaligen Zeit heraus zu verstehen, die Selbstverwaltung Eiderstedts hatte durch landesherrlichen Einfluß immer mehr abgenommen; Wenni Sywens hatte erkannt, woran die Friesen krankten — an dem Übermaß innerer Uneinigkeit und Schwäche; darum hat er z. B. bei der Schilderung von König Abels Zug gegen Eiderstedt versucht, in die Vorgänge auch die übrigen Harden der friesischen Utlande (die sieben Schiffharden) mit einzubeziehen (als moralisches Vorbild für seine Landsleute). Der aufmerksame Leser wird die daraus folgenden inneren Widersprüche erkennen können. Eine vollständige Diskussion über die Gedanken des Wenni würde den Rahmen dieses Vorworts sprengen, doch soll hiermit darauf hingewiesen werden, daß hinter jeder Chronik eine innere Absicht des Verfassers steht, die über das bloße Aneinanderreihen von Aufzeichnungen hinausgeht. In diesem Sinne sei jedem Leser die Lektüre des „Chronicon Eiderostadense vulgare" empfohlen, das von Claus Heitmann (St. Peter) ins Hochdeutsche übertragen wurde. Die Übertragung lehnt sich eng an die Vorlage an, um den Stil der Originalsprache durchscheinen zu lassen. Für diese Mühe ist ihm der Leser gewiß dankbar, denn die niederdeutsche Originalsprache dürfte nicht jedem verständlich sein. Zum Vergleich ist sie aber dem hochdeutschen Text gegenüber gestellt. Die Personennamen im hochdeutschen Text sind heutigen Formen angeglichen worden.

September 1977

Albert A. Panten, Niebüll

Einleitung.

Das in plattdeutscher Sprache abgefaßte Chronicon Eiderostadense vulgare oder die gemeine eiderstedtische Chronik ist das älteste Dokument dieser Art, das wir Eider= friesen besitzen. Es ist aber auch die älteste Chronik des ganzen Nordfrieslands und als Quellenschrift von den be= kanntesten und bedeutendsten Chronisten, wie Petrus Sax, Heimreich, Neocorus u. a., gern und mit Fleiß für ihre Sammlungen und historischen Werke benutzt und verwertet. Um deswillen gebührt ihm zweifellos ein würdiger Platz in der Literatur unserer engeren Landesgeschichte, um deswillen auch bedarf die nachstehende Veröffentlichung, die als wert= voller Beitrag zur eiderfriesischen Heimatkunde angesprochen werden kann, nicht weiter seitens des Herausgebers des recht= fertigenden Wortes. Der Nachwelt überliefert diese kleine Chronik nicht, wie solches von der dithmarsischen Chronik (1623) des Neocorus und der im Jahre 1666 erstmals er= schienenen „Nordfresischen Chronik" Heimreichs gesagt werden kann, eine eingehende Darstellung der inneren und äußeren Verhältnisse des Heimatlandes, sondern beschränkt sich auf zusammenhangslose, oft in gedrängtester Kürze einfach und schlicht gegebene Aufzeichnungen aus dessen Geschichte vom Jahre 1103—1547 in chronologischer Anordnung.

An dem Werke sind der Verfasser mehrere beteiligt; wer aber diese waren, ist nicht zu ermitteln. Der Bearbeiter des bis etwa 1482 reichenden Grundstocks war ein Zeitgenosse des dänischen Königs Christian I., aller Wahrscheinlichkeit nach eiderstedtischer Landmann oder Verwaltungs=(Staller=) beamter und, wie Professor Dr. Reimer Hansen mutmaßt, in Oldenswort angesessen. Jedenfalls ist er ein von regem Interesse für die Vergangenheit seiner Heimat beseelter Mann und ein besinnlicher Liebhaber der Vorzeit gewesen, der sich in Stunden der Muße gern etwas eingehender mit der Geschichte der Dreilande und ihrer Bewohner befaßte und mit unermüdlichem Eifer aus überlieferten chronistischen Schriften und anderen ihm zu Gebote stehenden Hilfsmitteln manche beachtenswerten und wichtigen Begebenheiten hervorgesucht, gesammelt, aufgezeichnet und durch Mitteilung von Ereignissen und Vorkommnissen seiner Zeit, auch solcher, an denen er als Augenzeuge oder gar als Mitwirkender teilnahm, vermehrt und ergänzt hat[1]. Seine letzten Aufzeichnungen mögen aus den Jahren 1481 und 82 stammen. Nach seinem Tode ist das Werk von mehreren fortgesetzt, so daß es in einigen, geringe Abweichungen aufweisenden, also nicht ganz textgleichen Abschriften vorliegt, von denen eine bis nahe an den Schluß des 16. Jahrhunderts reicht. (Professor Dr. A. L. J. Michelsen.)

Dem Hauptverfasser sind, wie bereits angedeutet, für die ältere Zeit jedenfalls irgendwelche, der Nachwelt verloren gegangene Vorlagen zugänglich gewesen. Und da er, als Kind einer Zeit, in der die historische Forschung noch in den Windeln lag, vollständig unkritisch arbeitete, wie solches auch von späteren Chronisten gilt, und alles das, was vorliegende Quellen ihm an schätzbarem Material darreichten, ohne jede weitere Reflexion als wahrhaftig hinnahm, so ergeben sich mehrfach Wiederholungen desselben Geschehnisses[2] mit zeitlich nicht immer gleichen Angaben, sowie Unrichtigkeiten auch in den Zeitbestimmungen[3], die ohnehin, bis etwa 1450, nicht immer als zuverlässig und einwandsfrei gelten können, daher mit Vorsicht aufzunehmen sind. Man wolle aus dieser Tatsache nicht auf einen nur singulären Fall schließen und etwa dem Verfasser einen Vorwurf machen; es leiden eben alle, auch unsere geschätztesten Chroniken an

---

[1] Ueber die Ermordung des Stallers Jon Jonsen aus der Langenhem bei Oldenswort 1461, die Einnahme des Osteroffenbüllkoogs in den Jahren 1467, 69, 70 berichtet der Chronist u. a. auf Grund eigenen Miterlebens.

[2] Der Schlacht auf Borgsand bei Vollerwiek in der „großen Fehde" zwischen den Dithmarschern und den Eiderfriesen geschieht zu zweien Malen Erwähnung, 1413 und 1414, desgleichen der Allerheiligenflut 1436 usw.

[3] Die Schlacht mit und der Sieg über König Abel, diese größte Ruhmestat unserer Väter, war nicht 1115, sondern 1252, die Einnahme der Freienburg nicht 1406, sondern 1416, die Schlacht auf der Solborper oder Solleruper Heide nicht 1408, sondern 1410, die Errichtung des Gardinger Kirchturms nicht 1478, sondern 1487 usw.

der gleichen chronologischen Unsicherheit, sobald es sich um weiter zurückliegende Zeiträume handelt. —

Die vorliegende Chronik ist meines Wissens hierzulande ein — es darf wohl gesagt werden — völlig unbekanntes, apokryphes Buch, und das gut entschuldbaren Grundes. Erwähnt wird sie öfter; heimatkundliche Abhandlungen bringen auch gelegentlich ein paar Auszüge; als Ganzes aber ist sie bisher nur einmal abgedruckt, und zwar im Jahre 1829, als der um die Erforschung nordfriesischer Stammesgeschichte hochverdiente Professor Dr. Michelsen sie in dem von Professor Dr. Falck redigierten „Staatsbürgerlichen Magazin", 9. Bd., „aus der Urschrift mitteilte." Uebernommen hat Michelsen sie aus einem im Besitz der Königlichen Bibliothek zu Kopenhagen befindlichen Originalkodex, der den Titel trägt „Johann Russe's, Achtundvierzigers aus Lunden, Sammlungen und Vorarbeiten zur Chronik des Landes Dithmarschen"[1]. Es ist ein eigenhändig, sauber und deutlich geschriebenes Kollektaneenbuch, in dem auf „die Reimchronik", „eine kurze Nordelbische Chronik" und „die kleine Holsteinische Reimchronik für die Jahre 1199—1225" als des Sammelwerkes vierter Teil die „Eiderstedische Chronik, Chronicon Eiderostadense vulgare" auf 25 Blättern folgt. Bei dieser ersten, vollständigen Ausgabe hat der derzeitige Herausgeber „ein paar Abschriften eingesehen, die aber neuerdings gefertigt sind und äußerlich nichts besonders Merkwürdiges haben," so daß für Zusätze, Berichtigungen u. dergl. kein Anlaß vorlag, da Abweichungen wesentlicherer Art sich nicht ergeben haben werden. Der nachfolgende Abdruck bringt die text-

---

[1] Anm.: Johann Russe, vornehmem Geschlechte (Russebellinger) Dithmarschens entstammend und mütterlicherseits den Swyn's (Wurtmannengeschlecht) nahe verwandt, soll vor 1506 geboren, nach 1555 gestorben sein und auf einer deutschen Universität juristischen (?) Studien obgelegen haben. Daß er unter seinen Landsleuten sich später, als er zu Lunden seßhaft war, besonderen Ansehens und großen Vertrauens erfreute, bekundet seine Wahl zum Mitregenten des Landes (Achtundvierziger). Er ist der erste, welcher „planmäßig mit großer Gewissenhaftigkeit dem Werden seiner Heimat nachspürt" (Dr. Beber). „Mit gelehrter Anstrengung und vielen Kosten wußte er sich in den Besitz der besten Quellen zu setzen, und wie er persönliche Umfrage nicht scheute, so gelangte er auch zu einer Menge solcher kleinen Aufzeichnungen, zu denen auch der beschäftigte, nicht schriftstellernde Mann willig ist" (Prof. Dahlmann). Eine Chronik hat er nicht hinterlassen, nur Vorarbeiten zu einer solchen, die dann in der Folge Peter Sax, Neocorus u. a. treffliche Dienste geleistet haben. Was von seinen Aufzeichnungen verloren gegangen ist, ist unbekannt. Zwei Sammelbände befinden sich in der Königlichen Bibliothek zu Kopenhagen.

getreue Wiedergabe des Chronikons in der Professor Michelsen= schen Rezension, geschieht aber mit Rücksicht auf den ins Auge gefaßten Leserkreis nicht, wie das sonst bei Herausgabe von Quellenschriften üblich und berechtigt ist, in lateinischer Schrift.

Der Charakter des Textes ist im ganzen niederdeutsch; doch finden sich in der Chronik immerhin einige schwer ver= ständliche Ausdrücke, „die aber in allen den verglichenen Exem= plaren verschrieben sein mögen." (Falck a. a. O.) Außerdem kommen mehr oder weniger dunkle, besonders veraltete Wörter, auch solche friesischen Ursprungs oder aus einer Verbindung und Vermischung des Friesischen mit dem Niedersächsischen etwa entstandene vor, so daß der Herausgeber glaubt, es nicht als überflüssig erachten zu dürfen, in einigen, ihm be= sonders notwendig erscheinenden Fällen, zur Erleichterung der Lesbarkeit, das erklärende Wort — dann jedesmal unmittelbar in Klammer — anzufügen. Im Hinblick auf den Zweck dieser Publikation konnte die Anfertigung und Beigabe eines Glossars unterbleiben.

Und so möge denn dieses, zwar keine weittragende hi= storische Bedeutung besitzende schlichte Denkmal aus ferner Vorzeit hinausgehen in die eiderfriesische Landsgemeinde, Weg da finden in viele Häuser und an seinem Teile zur Belebung und Stärkung echter Heimatliebe und rechter Heimat= freude beitragen. Das bescheidene Stücklein Arbeit aber, das bei der Herausgabe meiner Hand zu tun verblieb, bitte ich den geneigten Leser, nachsichtiglich entgegenzunehmen und zu beurteilen.

Oldenswort, im Februar 1923.

J. Jasper.

12

Johann Russe's

Achtundvierzigers aus Lunden

Sammlungen und Vorarbeiten zur Chronik des Landes Dithmarschen

Aus der Urschrift mitgeteilt von

Dr. A. L. J. Michelsen

Eiderstedische Chronik.

Anno Christo 1103 in der vasten (Fastenzeit) an St. Benedictus dage wart gebuwet eine holten Capelle by Wittendunen in de ere S. Magni up Taten Eskels (Personenname) lant, unde wart genomet Tatinghen, unde was dat erste Gadeshus in Spadenland (Spatenlande, die mit dem Spaten der See abgerungen sind, hier: Eiderstedt).

Anno 1103 do was ein man genomet Due[1] Bons, mechtig van vrunden (Verwandten), de habbe eine Tochter, de verspelde ere eere mit einem knechte, des wart er vader war unde bant er einen quarnsteen (Mühlenstein) to deme Halse unde vörde se in ein ouergrofft[1] (Ufer=, Küsten= graft = Wehle).

Anno 1109 do wart gebuwet eine holtene Capelle op deme Cleue[1] (Kliff, hoher Geestrand) by deme Garsande (Garding) in de ere S. Christiani unde Maria Magdalene unde S. Bartholomei.

Anno 1113 do schlogen de Bohemans[2] eren karckheren doot, geheten Her Harmen Lütke. Darumme worden se berouet[1] erer leenware (Patronatsrecht). Unde darna worden gebuwet düsse nageschreuene[1] Capellen van der Capellen uppe Cleue, alse Poppenbül, Tetenbül, Oster= heuer[1], Katrinherde, Welte unde Vulrewyck.

---

[1] Das konsonantische u in Due, ouergrofft usw. ist durch v zu ersetzen, also Ove, overgrafft, Osterhever, Kleve usw. (J.).

[2] al. Bohenmanne.

Eiderstedter Chronik

1103 zur Fastenzeit, am Tage des St. Benediktus (12. Februar) wurde bei Wittendün zu Ehren des St. Magnus eine hölzerne Kapelle gebaut auf dem Land von Taten Eskels, und sie wurde Tatinghen genannt; dies war das erste Gotteshaus im Spatenland. (Spatenland, die mit dem Spaten der See abgerungen sind, hier: Eiderstedt.)

1103 lebte dort ein Mann, Ove Bons genannt, mit vielen Verwandten. Dieser hatte eine Tochter, die ihre Ehre mit einem Knecht verspielte. Der Vater bemerkte dies und band ihr einen Mühlstein um den Hals und führte sie in einen Sielzug[1].

1109 wurde bei Garsand auf dem Geestrand eine hölzerne Kapelle zu Ehren der Heiligen St. Christian, St. Maria-Magdalena und St. Bartholomäus erbaut.

1113 schlugen die Boyenmänner ihren Kirchherren Harmen Lütke tot. Ihnen wurde deswegen ihr Patronatsrecht[2] genommen. Danach wurden folgende Kapellen von der Kapelle auf dem Geestrücken aus erbaut: nämlich Poppenbüll, Tetenbüll, Osterhever, Katharinenheerd, Welt und Vollerwiek.

---

[1] overgrafft = künstlicher Graben (keine Wehle)
[2] das Recht, ihren Kirchenherren zu bestimmen

Anno 1117 do verginck de Capelle oppe Cleue unde wart wedder eine ander Stenkarcke gebuwet oppe Garsand in dat osten in de ere S. Christiani, Marie Magdalene unde Bartholomei, unde wart genomet Gardinghe.

Anno 1161 do was in düssen Landen groth dotslach, dat eine slechte (Geschlecht) tegen (gegen) dat ander.

Anno 1145 (sic) des achten dages na unser leuen brouwen berchganck (Mariä Heimsuchung, 2. Juli) do ver= sammelde koninck Abel tho Dennemarcken ein groth heer volkes op de Mildesborch, unde des negesten dages do toch he mit alle siner manschup, ridderen unde knechten op eine kleine riuere (river = Fluß), geheten de Eyder, unde ginck dar tho schepe mit dree opgerichteden banren (Fahnen), unde vor de Eyder dale in Eyderstede, unde he quam (kam) mit groter macht unde gewalt in eine hauene (Hafen), tho Ottenschöl[1] genomet, ein klein schote (Maß, Stück) weges op dat süden van einer holten Capellen, geheten Oldens= wort, unde darauer binnen dikes op ein slicht velt, dar lede sick de koninck mit sinem heere unde sloch dar uth sinen paulun (Pavillon, Zelt), unde let sik dar alume begrauen (verschanzen), unde in der ersten Nacht darna grouen de Norder Hardesmanne (Kämpfer aus den fünf Harden Alt= Nordstrands und der Böking= und Horsbüllharde oder den beiden Harden Föhrs) einen grauen van Jpenbüll an in dat westen, benorden Oldenswort, vor wente (bis) in Ede Rokes grofft, also wyt dat de koninck dar nicht auer en quam. Wente (aber) de Norder Hardesmanne de legen dar binnen op deme moere mit grothem heerschilde, unde vorbeidede (erwartete) siner dar, unde wolden ene dar hebben doth geslagen, men (nur, allein) koninck Abel bleeff

---

[1] al. Oddensskild.

1117 ging die Kapelle auf dem Geestrand verloren und eine andere Steinkirche wurde wieder im Osten auf dem Garsand erbaut, zu Ehren der Heiligen St. Christian, St. Maria-Magdalena und St. Bartholomäus. Sie wurde Gardinghen genannt.

1161 gab es in diesen Landen ein großes Morden [1], eine Familie zog gegen die andere.

1145, acht Tage nach Mariä Berggang (9. Juli) versammelte der König Abel von Dänemark [2] ein großes Heer auf der Mildesburg [3]. Am nächsten Tag zog er mit all seinen Mannschaften, Reitern und Knechten zu einem kleinen Fluß, Eider genannt. Dort ging er zu Schiff mit drei aufgerichteten Bannern und fuhr auf der Eider hinunter nach Eiderstedt. Mit großer Macht und Gewalt kam er in einen Hafen, Ottenschöll [4] genannt, der ein kleines Wegstück südlich der hölzernen Kapelle Oldenswort liegt. Dort, innerhalb des Deiches, auf einem schlichten Feld, ließ sich der König nieder, schlug dort sein Zelt auf und ließ sich rundherum verschanzen. In der ersten Nacht danach gruben die Hardensmänner aus dem Norden (Kämpfer aus den fünf Harden Alt-Nordstrands und der Böking- und Horsbüllharde oder den beiden Harden Föhrs) [5] einen Graben von Ipenbüll an in den Westen, nördlich von Oldenswort, bis zu Ede Rokes Graft, und zwar so breit, daß der König nicht hinüber kam. Die Hardensmänner aus dem Norden lagen mit großer Streitmacht dort drinnen auf dem Moor und warteten auf ihn, um ihn zu töten, aber König Abel

---

[1] wahrscheinlich: Fehde, Blutrache
[2] oft auch Waldemar genannt
[3] wahrscheinlich bei Schwabstedt (?)
[4] var.: Ottenskild, Ottisholl, Codex hist. 60: Ottyeszholl
[5] wahrscheinlicher: Everschop und Lundenbergharde

bh der Ehder befüden der Capellen Oldenswort wente (bis) in den festen dag, unde rouede unde schattede (brand= schatte) bh Ehder lank, unde bedwank alle Ehdermans, unde den nam he grothen schatt (Schatzung, Steuer, Ab= gabe) aff, ock floch he erer vele doet. Men (aber) in deme fülfften festen dage versammelden sik de söuen Schipherden (die oben genannt sind) tho deme Burenmages wege[1] up ere rechte Dingstede (Gerichts=, Versammlungsstätte), unde se spreken alle uth einem munde, wo dat de Erenwerdige Romische konink Karolus (Kaiser Karl der Große) ere voroloderen van siner kahserliken werdigkeit unde macht frh gegeuen habbe, dat se bh eme vorworuen (erworben) habben mit heerschilde, unde eer se konink Abel wolden huldigen unde geuen eme schatt unde tins (Zins, Steuer), dar wolden se alle steruen, edder (oder) konink Abel scholde steruen. Darmede bant ein jewelick (jede) Schipherde sine banren an den staken, unde togen in dersülven nacht mit söuen banren na des koninges heere, eer dat se eten unde drinken, se menden dat se deme koningk in deme legere (Lager) wolden belopen (überfallen) hebben, men dar was ein vorspeer (Spion), geheten Rock, de sede it deme koninge, dat de Vresen sik starcklicken wolden weren, unde he gaff eme rath, dat he sik snelliken rede (fertig) makede unde gink al bh der Ehder lank henwech, up dat he jo eine velige (freie) siden habbe, unde was in der tht hol Ebbe, sine schepe konden do nicht uth der hauen kamen. Unde alse it ersten begundt tho dagende (tagen) unde de konink mit sinem heere begunde sik tho rörende, unde wolden enwech, do sach de konink so groth ein heere van Fresen, unde söuen banren dat he nicht auerseen (übersehn) mochte. Snelliken vorleep de konink sinen paulun, ock sine vangen

---

[1] In anderen Handschriften: Burmanswege.

blieb an der Eider, südlich der Kapelle von Oldenswort, bis zum sechsten Tag und raubte und brandschatzte an der Eider entlang; er bezwang alle Eidermänner und nahm ihnen hohe Lösegelder ab und schlug auch viele von ihnen tot. Aber genau an diesem sechsten Tag versammelten sich die sieben Schiffsharden[1] (die oben genannt sind) am Burenmages Weg[2] auf ihrer richtigen Versammlungsstätte und sie sprachen alle wie aus einem Munde, daß der ehrenwürdige römische König Karl ihre Vorfahren kraft seiner kaiserlichen Würde und Macht freigegeben hatte[3] und daß sie diese Freiheit bei ihm mit Heeresdienst erworben hatten; und bevor sie König Abel huldigen und ihm Zins und Steuer geben wollten, sie alle sterben wollten oder daß König Abel sterben solle. Mit diesen Worten band eine jede Schiffsharde ihre Fahne an die Stange und sie zogen in derselben Nacht mit sieben Fahnen zum Heer des Königs und sie beabsichtigten den König in seinem Lager überfallen zu haben, bevor sie getrunken und gegessen hätten. Aber da gab es einen Spion, Rock genannt, der sagte dem König, daß die Friesen sich heftig wehren wollten, und er gab ihm den Rat, schnell aufzubrechen und an der Eider entlang sich zurückzuziehen, damit er ja eine Seite frei hätte. Es war zu der Zeit Holebbe und seine Schiffe konnten nicht aus dem Hafen kommen. Als es gerade zu tagen begann und der König sich mit seinem Heer zu rühren begann und abziehen wollte, da erblickte der König ein so großes Heer von Friesen unter sieben Bannern, die er nicht übersehen konnte. Schnell verließ der König sein Zelt und seine Gefangenen,

---

[1] Harde = Bezirk, der ein Schiff auszurüsten hatte, vgl. A. Panten in: Nordfriesland 38/39 Bd. 10/2-3-1976

[2] bei Hemminghörn; richtig: Burmannsweg

[3] unmittelbare Unterstellung unter den Kaiser, also kein direkter Landesherr

(Beute), schatte unde schepe unde allent dat se dar hadden, unde de Fresen slogen eme aff drehundert Denen by wege= lanck in deme ersten thogange (Kampfe), ock worden erer vele in de Eyder gejaget. Unde do de Fresen de Denen hadden gejaget jegen dat olde Harbleck (ein prielähnliches Gewässer), dar wedderstunt de koninck den Fresen einen grothen stryt unde sloch ock der Seeliggers (Friesen von Föhr und Silt, sagt Michelsen) vele. Auerst de Denen nemen de vlucht unde de Fresen volgeden na jegen Jpen= kül. Dar wendeden sick de Norder Hardesmanne aff, unde de Eydermanne unde de van Uthholm volgeden na jegen der Ekemedowe¹ (ein kleines Gewässer), dar wendeden se sick wedder umme mit grothem unwillen, unde wolden hebben wedder tagen (gezogen) na Oldenswort na des koninges paulun, dar wolden se eten unde drinken unde wolden dar ock wat rasten. Unde koninck Abel toch mit sinem heere bauen de Ekemedowe ein ruck by der Eyder in dat süden. Dar quam eme dat grothe Maten (lokale Genossenschaft) van Koldenbüttel werafftich entjegen standes (stehend, andauernd) strytes einen uthlangen dach. Dit rüchte (Ge= rücht) quam thorügge tho den Eydermans unde de Uth= holmeren. Snelliken wendeden se sick wedder umme eer se eten unde drunken, unde richteden ere banren wedder up, unde quemen deme koninge an up de apenen siden, unde slogen eme einen groten deel aff van sineme heere, mit einer banner so vele volckes alse darunder hörden, rein tho der erden. Do nam de koninck den weke (Weg) in dat norden in den Mildeswech, unde de Vresen vechteden starcklicken wedder de Denen unde jageden den koninck auer (über) den Milderdam, dar slogen de Fresen koninck Abel doth, dat dede ein wagentimmermann, unde alle sin

---

¹ Jn anderen Handschriften: Jkenowe.

seine Lösegelder und Schiffe und alles, was sie dort hatten. Im ersten Zusammentreffen erschlugen ihm die Friesen 300 Dänen am Weg entlang und viele von ihnen wurden auch in die Eider gejagt. Und als die Friesen die Dänen bis gegen das alte Harbleck[1] gejagt hatten, da leistete der König gegen die Friesen großen Widerstand und er erschlug auch viele Seeliggers[2]. Aber die Dänen ergriffen die Flucht und die Friesen verfolgten sie bis nach Ipenbüll. Dort wandten sich die Hardensmänner aus dem Norden ab. Die Eidermänner und die Utholmer folgten nach bis zur Etzemedowe[3], wo sie sich mit großem Unwillen umwandten und wieder nach Oldenswort ziehen wollten zum Zelt des Königs. Dort wollten sie essen und trinken und auch etwas rüsten. König Abel zog mit seinem Heer jenseits der Etzemedowe ein Stück südlich der Eider entlang. Da kam ihm die große Mannschaft[4] von Koldenbüttel bewaffnet entgegen und sie widerstanden ihm einen ganzen Tag im Kampf. Diese Nachricht kam zu den Eidermännern und den Utholmern. Schnell wandten sie sich wieder um, noch bevor sie gegessen und getrunken hatten, richteten ihre Bänner wieder auf, griffen den König an der offenen Seite an und schlugen ihm einen großen Teil von seinem Heer nieder, nämlich soviele wie unter ein Banner gehörten. Da nahm der König den Weg in den Norden auf dem Mildesweg. Die Friesen kämpften hart gegen die Dänen und jagten den König über den Milderdamm, wo die Friesen den König Abel erschlugen. Dies tat ein Wagenzimmermann und all seine

---

[1] Wohnplatz, wo früher eine Flachsbleichstelle war; heute Bahnstation
[2] Friesen von Föhr und Sylt, sicherlich die Bewohner der 7 Harden (fraglich)
[3] kleines Gewässer
[4] die Kampfgemeinschaft des ganzen Kirchspiels

volck wart dar dothgeslagen. Also thogen de Fresen webber
tho hus mit grothen eren, unde de Fresen bleuen unbe=
dwungen, wente (aber) de Fresen geuen sick under Hartich
(Herzog) Knut tho Sleswick, deme geuen se Landgelt unde
Huspenninck (Hauspfennige, =steuer) so dat achtein vacke
huses de geuen einen nyen thornegen (ist eine tornaige
Münze, benannt nach Tours in Frankreich, deren Wert
zu 9 Pfennigen = ¾ Schillingen gerechnet ward).

Düsse vorbenömede koninck Abel is in vortiden hier
ock gewest unde habbe düsse Lande in grothen vruchten
(Furcht) gebracht, wente he lach mit sinem gantzen heere
up de vorgeest unde wolde auer in düsse Lande getagen
hebben unde wolde düsse Lande sere vornichtigen. Do
nemen düsse Lande S. Christianusbilde tho sick in dat
heer unde togen mit grother manheit deme koninge ent=
jegen buten deme dike up dat iis dar se dat Lant be=
schermen muchten. So laueden (gelobten) se S. Christiano
(Schutzpatron der Nordfriesen), weret sake (wäre es der
Fall), dat se de segevechtinge (Sieg) muchten beholden, so
wolden se S. Christianum beslan laten mit deme alder=
besten golde. It is gescheen, alse de koninck Abel jegen
de Fresen scholde theen up dat iis, dar gaff uns Gott de
gnade, dat dar vil (viel) so groth regenwater van deme
hemmel, dat se dat bilde nowe (kaum) up deme wagen
muchten droge bewaren, unde konden nowelicken van deme
iise droge kamen, unde de Fresen togen mit grothen eren
tho hus unde leten St. Christianusbilde mit deme alder=
besten golde beslaen, unde koninck Abel toch thorygge, unde
quam in natiden webber unde wart van den Fresen doth
geslagen, wo vorschreuen is.

Anno 1202 (sic) do lach koninck Abel in Eyderstede
unde he sloch sin paulun eine kleine schothe weges besüden

Leute wurden dort erschlagen. So zogen die Friesen wieder mit großen Ehren nach Hause und blieben unbezwungen. Die Friesen begaben sich aber unter den Herzog Knut von Schleswig, dem sie Landgeld und Haussteuer zahlten, so daß Häuser mit achtzehn Fach einen neuen Tornaigen gaben.[1]

Dieser obengenannte König Abel ist in früheren Zeiten auch hier gewesen und hatte dieses Land in große Furcht und Schrecken versetzt, als er mit seinem ganzen Heer auf der Vorgeest lag und über diese Lande ziehen und es vernichten wollte. Da nahmen diese Lande das Bild des Heiligen Christian zu sich in das Heer und zogen in großer Menge dem König außerhalb des Deiches auf dem Eis entgegen, um das Land zu beschützen. Dort gelobten sie dem Heiligen Christian, daß sie ihn mit dem allerbesten Gold beschlagen lassen wollten, falls sie das Gefecht für sich entscheiden würden. Es ist so geschehen: als der König auf das Eis ziehen wollte, gab uns Gott die Gnade und ein so starker Regen fiel vom Himmel, daß sie das Bild kaum auf dem Wagen trocken halten konnten und kaum von dem Eis ins Trockene kamen. Die Friesen zogen mit großen Ehren nach Hause und ließen das Bild des Heiligen Christian mit dem allerbesten Golde beschlagen. König Abel zog zurück und kam in späteren Zeiten wieder und wurde von den Friesen erschlagen, wie oben beschrieben worden ist.

1202 lag König Abel in Eiderstedt und er schlug sein Zelt ein kleines Stück südlich

---

[1] Münze, benannt nach Tours in Frankreich, deren Wert zu 9 Pfennig = 3/4 Schilling berechnet wurde

der holten Capellen Oldenswort. Do verbrande de koninck Abel de Capelle ganz up, unde de klocke de was whet unde de vor (fuhr, ftürzte) van deme klocktorne up dat füden nedder by deme karckhaue (Kirchhof) in einen depen weel unde de bleeff darinne unde me (man) wil feggen fe fy dar noch inne.

Anno 1205 do wart defülue Capelle up defüluen ftede by der Eyder van holte wedder gebuwet in de ere S. Pancratii (noch gegenwärtig Schuhpatron der Oldens= worter Kirche).

Anno 1204 (sic) do wart koninck Woldemar (Abel) doet gefteken van einem ebdelen Frefen uppe Milredamme.

Anno 1205 do wart de Capelle tho Oldenswort buwet van holte.

Anno 1200 (sic) do weren düffe Lande in fo grothen brüchten vor koninck Woldemar (Abel), do laueden düffe lande, geue eme got de gnade dat fe dat lant muchten werren, fo wolden fe S. Chriftianum tho Gardinge be= flan laten mit deme alberbeften metalle alfe nobelen golde.

Anno 1216 do was fo groth waterfloet, dat alle de lande inbreken, unde drenkeden wul XXX. dufent fes= hundert minfchen in düffe Nedderlande.

Anno 1305 do wart de vorgeeft alfe Hatftede unde Brekelink (Breklum) vorbrant van den Denen.

Anno 1313 do ginck de bloet tho Sunte (Sankt) Wolbers (Wulpurgis) dage.

Anno 1319 do wart vorbrant de karke tho Olden= wurden (in Dithmarfchen von Gerhard dem Großen).

Anno 1338 do plagede Godt düffe Uthlande mit auer= grothem hunger unde düer tyt, unde dat quam alle van regen= water, wente ein man bant einen garftenfchoff (= garbe)

der hölzernen Kapelle von Oldenswort auf. Da brannte der König Abel die Kapelle völlig nieder. Die Glocke war geweiht und sie stürzte auf der Südseite des Glockenturms nieder auf den Kirchhof in ein tiefes Loch und blieb darin liegen. Man sagt, daß sie dort heute noch liege.

1205 wurde an derselben Stelle an der Eider wieder eine gleiche Kapelle zu Ehren des St. Pankratius erbaut.

1204 wurde König Waldemar (Abel) von einem edlen Friesen auf dem Milderdamm erstochen.

1205 wurde die Kapelle von Oldenswort aus Holz gebaut.

1200 befanden sich diese Lande in so großer Furcht vor König Waldemar (Abel), daß sie gelobten, gäbe ihnen Gott die Gnade, daß sie ihr Land beschützen könnten, sie den Heiligen Christian zu Garding mit dem allerbesten Metall, also noblem Gold, beschlagen lassen wollten.

1216 ereignete sich eine so große Sturmflut, daß das Wasser in alle Lande einbrach und wohl 30 600 Menschen in diesen tiefgelegenen Ländereien ertranken.

1305 wurde die Vorgeest, also Hattstedt und Breklum von den Dänen verbrannt.[1]

1313 gab es eine Sturmflut am Tage von St. Walpurgis (1. Mai).

1319 wurde die Kirche zu Oldenwurden (Wöhrden)[2] verbrannt.

1338 plagte Gott die Utlande mit sehr großen Hunger und großer Teuerung und dies kam alles von dem Regen. Wenn ein Mann eine Gerstengarbe

---

[1] 1399 genauer Zeitpunkt; Zeit des Schleswigschen Krieges
[2] in Norderdithmarschen

up ein mölenjegel unde let de mölen lebbich mit der jchoue[1] ummegaen vertich dage unde nach, noch en (Verneinung zur Verjtärkung einer anderen Verneinung) konde de jchoff nicht droge warden. Dat jtunt dre jare lanck, unde men (man) konde ock neen (kein) jolt krigen[2], unde de maden kropen den lüben uth deme munde unde jtoruen jnellicken. So jtoruen erer vele dar nen tal inne was, unde me (man) vant vele minjchen dot liggen alje (wie) ve (Vieh) unde de maden kropen en (ihnen) uth dem munde. Dit hebben je geleden dat je Got den Heren nicht bekennen wolden. Do begunden de Uthlande erjten entwey to brekende.

Anno 1341 do was de grothe Mandrenke (Menjchen= ertrinken).

Anno 1350 vor Sunte Martens dage do vorheff jick grothe pejtilentie in den rumpen (Körpern, Leibern), de was jo groth, dat nicht de verde minjche leuendich bleeff auer alle düjje lande.

Anno 1350 do was de grothe Doet.

Anno 1362 in der lateren twölf nachten tho Midder= nacht do ginck de aldergröthejte Mandrenke. Do vor= drenkede dat mejte volck uth den Uthlanden.

Item (ferner) de Wogensmanne de vorhouen (ver= zogen) jick van erjten uth Nortjtrandinger lant, unde de worden vordreuen van deme mechtigen Ingwer jtaller, ein jtaller auer alle Uthlande, unde dat jchach (gejchahe) umme erer grothen unbat willen, unde do voren (fuhren) je auer in de Wejterheuer unde dar buweden je eine grothe vejte, de hete me do de Wogenmansborch, unde je jtelen unde je roueden dar up allent dat je hebben wolden,

---

[1] al. garue.
[2] al. winnen.

an ein Mühlensegel band und die Mühle nur mit der Garbe vierzig Tage und Nächte sich drehte, so wurde die Garbe dennoch nicht trocken. Drei Jahre hindurch stand das Wasser und man konnte auch kein Salz gewinnen. Die Maden krochen den Leuten aus den Mündern und sie starben schnell. Es starben ihrer so viele, daß man sie nicht zählen konnte. Man fand viele Menschen tot liegen wie Vieh und die Maden krochen ihnen aus dem Mund. Dies haben sie erlitten, weil sie Gott dem Herrn nicht bekennen wollten. Da begannen die Utlande zuerst auseinanderzubrechen.

1341 ereignete sich die große Mandrenke.

1350 vor St. Martinstag (11. 11.) verbreitete sich eine große Pest in den Körpern. Diese war so groß, daß nicht ein Viertel der Menschen in all diesen Landen am Leben blieb.

1350 war das große Sterben.

1362 nach den 12 Nächten[1] nach Mitternacht ereignete sich die allergrößte Mandrenke. Damals ertranken die meisten Menschen aus den Uthlanden.

Damals verzogen sich die Wogemänner[2] zuerst aus dem Gebiet von Nordstrand. Sie wurden vertrieben von dem mächtigen Staller Ingwer, ein Staller, der über alle Uthlande herrschte. Dies geschah wegen ihrer großen Untaten. Sie fuhren hinüber nach Westerhever und bauten dort eine große Festung, die man die Wogemannsburg nannte. Sie stahlen und raubten dort alles, was sie haben wollten,

---

[1] Zeit zwischen Weihnachten und den Heiligen drei Königen. Genaues Datum der Mandrenke 16. Jan. 1362
[2] Eigenname

wente (denn) se habben snekken (Schmacken) unde bartsen
(Barsen, d. s. kleine Lastschiffe) dar se mede do binnen
landes unde buthen landes roueden, unde se habben de
Westerheuer ock all wöste maket, wente alle ere got börden
se uppe de borch unde ere schönsten Dochtere nemen se
mit walt mede (mit) uppe de borch unde behelden se
daruppe tho walde (Gewalt) unde geuen se eren knechten.
Ditsulue deden se ock in Holmerlant (Utholm) unde ock
in Euerschup unde Strandingerlant (Nordstrand). Dit
deden se so lange, wente (bis) dat se habben vertein erlike
Bondenjunkfruwen (Bauerntöchter) tho walde namen wente
hir, unde bedröueden sick desse lande gantz sere, unde by
den tiden was Que Heringe ein Staller auer Euerschup
unde Uthholm, unde de sammelde düsse twe lande tho=
samende in deme jare 1370 in Sunte Margareten dage,
so togen se vor de borch mit schepe unde tho vote, unde de
alderleste junkfrowe de se upgehalet habben, de habde sick
mit so sneydigen (schlauen) worden vorgebedinget (geschützt),
dat se do noche junkfrowe bleuen was, unde de vorredde
(verriet) do de borch, wente se helt sick also hartlicken
offte dat se hartlicken mit harnsche (Harnisch) wolde van
der borch stormen mit gudem harnsche, unde se bleech sick
al by der brügge, unde de Lande de vechteden mechtigen
unde hartlicken vor der borch, also dat se uppe der borch
in grother were stunden, und eer dat se daraff wusten,
do leth de junkfruwe de brüggen vallen unde se sprank
do mit der brügge hendale, unde se helt de brügge mit
der werender hant also lange dat de Lande tho er up=
brengende quemen unde wunnen de borch, wente (denn)
se habben de borch anders nicht gewunnen. Do nemen de
Lande all dat manvolck aff der borch, unde Que Heringe
hegede (eröffnete) dar ein heget Ding (Gericht) vor der

denn sie hatten Snekken und Barsen (kleine Lastschiffe) mit denen sie innerhalb und außerhalb des Landes raubten. Westerhever hatten sie schon verwüstet, denn all ihr Gut fuhren sie auf die Burg und die schönsten Töchter nahmen sie gewaltsam mit und gaben sie ihren Mitkämpfern. Dasselbe taten sie auch in Utholm, in Everschop und auf Nordstrand. Dies taten sie solange bis sie vierzehn ehrliche Bauerntöchter geraubt hatten und dieses nun betrübte diese Lande sehr. Zu dieser Zeit war Ove Heringe [1] Staller über Utholm und Everschop und am St. Margaretenstag (20. Juli) im Jahre 1370 sammelte er diese zwei Lande zusammen und mit Schiffen und zu Fuß zogen sie vor die Burg. Die allerletzte Jungfrau, die sie geraubt hatten, hatte sich mit so schlauen Worten geschützt, daß sie noch Jungfrau geblieben war und sie verriet nun die Burg. Sie benahm sich so herzhaft, als ob sie gut bewaffnet die Burg verteidigen wollte und sie schlug sich bis zur Brücke durch. Und die Männer von den beiden Landen kämpften schwer und mächtig vor der Burg, so daß diejenigen auf der Burg sich hart wehren mußten.[2] Bevor sie es merkten, ließ die Jungfrau die Brücke fallen, sprang mit der Brücke hinab und verteidigte die Brücke so lange bis die Männer der beiden Lande zu ihr hinaufgestürmt kamen und die Burg einnahmen. Anders hätten sie die Burg nicht erstürmen können. Da führten die beiden Lande alle Männer von der Burg und Ove Heringe eröffnete ein ordentliches Gericht vor der

---

[1] der erste bekannte Staller über Utholm und Everschop
[2] (... und so abgelenkt waren) = möglicher Zusatz

brüggen mit den twee Landen unde twyer Lande Raetlüde alse Euerschup unde Uthholm, unde dar wart alfodanich (alsdann) Recht (Urteil) auer gegeuen, alfe (wie) me einer röuere unde junkfruwennödere (Jungfrauenschänder) plecht tho geuende, wente se worden gefellet (verurteilt) tho deme swerde, unde de fruwen de mit gewalt genamen weren, de woden dol ochtüget (gesetzmäßig erklärt) van der twier lande Raetlüde also erlick unde so gut wedder offt (als ob) it nicht gescheen were, unde de kinder de se also getelet (geboren) hadden de scheden (beschieden) se echte, unde do nemen se de bruwens van der borch mit alle deme gude dat dar uppe was, unde grouen do de borch uth in dat deep (Waffer), unde etlicke fruwens de se hadden mede gebracht uth Strandinger lant de senkeden se in dat deep, unde treckenden do dat manvolck by einer randelen (Rünnel, hier wohl: Priel) unde dar howen (schlugen) se en allen den howede (Kopf) aff und worpen (warfen) de rumpe (Körper) unde ock de houede in de randele, unde deffer weren by seftig mansnamen sunder ere bruwens (Frauen), unde düffe bruwens de mit gewalt genamen weren de segen dit alle an dat öre leyd (Schmach) so swarlicken (hart) gewraken (gerächt) wart, unde also en (siehe oben) bleeff dar van den Wogensmanne nen manvolck mer leuendich alle wat uth Strandinger lant gebaren was, sunder (außer) etliken Dochteren geuen se dat liff (Leben), unde dar makeden se besegelde (besiegelte) breue (Vollmachten, Urkunden) up wo dat alle dinck varen (geschehen) was.

Do de Westerhever wedder bediket wart unde ok eine larken wedder buwet, do buweden se de wedeme (wieder) uppe de stede dar de Wogensmanneborch stunt.

Anno 1374 des achten dages na lichtmiffen do quam koninck Woldemar in düffe Lande unde beschattede alle

Brücke mit den zwei Landen und den Ratsleuten dieser zwei Lande, nämlich Utholm und Everschop. Dort wurde dann Recht darüber gesprochen, wie man einen Räuber und Jungfrauenschänder zu bestrafen habe. Sie wurden zum Schwerte verurteilt (geköpft). Die Frauen, die mit Gewalt genommen worden waren, wurden von den Ratsleuten für gesetzmäßig erklärt, so als ob nichts geschehen wäre und die Kinder, die sie geboren hatten, erklärten sie für echte. Dann führten sie die Frauen und alle Gegenstände von der Burg und versenkten die Burg in ein Tief und etliche Frauen, die sie aus dem Nordstrander Land mitgebracht hatten, versenkten sie auch in das Tief. Die Männer führten sie zu einem Priel, schlugen ihnen dort die Köpfe ab und warfen den Kopf und Körper in den Priel. Es waren dies an die sechzig Männer, ohne die Frauen. Die Frauen, die mit Gewalt genommen worden waren, sahen sich an, wie ihre Schande so schwer gerächt wurde. So blieb dort von den Wogemännern kein Mann mehr am Leben, noch von allem, was aus dem Nordstrander Land geboren war, außer einigen Töchtern, denen sie das Leben schenkten. Über alles, was geschehen war, stellten sie besiegelte Urkunden aus.

Als die Westerhever wieder bedeicht wurde und auch eine Kirche wieder gebaut wurde, da erbauten sie das (alte) Pastorat an der Stelle, wo die Wogemannsburg gestanden hatte.

1374 am 8. Tag nach Lichtmeß (2. Februar) kam König Waldemar in das Land und besteuerte die Dreilande sehr schwer,

de dre Lande auerfere (fehr fchwer), alfo dat ein jeweld (jede) full hus gaff ein punt Engelfk (1 Pfund Englifch = 30 ß lübfch je 16 ß lübfch), unde beroubede en (fie) alle olde priuilegie unde vryheit, unde nam örer eins deels (einige) vangen mit fic uth deme lande. Dat dede he darumme, wente (weil) fe habben eme finen rechten tins (Steuern) unde huspenningk vertein jare lank mit unrechte vorbeholden.

Anno 1380 do gink dar eine hoge vloet in Sunte Walburgis dage auer alle uthlande.

Anno 1393 do was dar eine grothe Düfterniffe in S. Walburgis dage. In düffe 1393 jare gink de vloet tho Sunte Walburgis dage.

Anno 1397 in deme vaftelauende do vel (fiel) de torn (Turm) tho Lundebarge dale.

Anno 1400 do was dar ein Comete int weften.

Anno 1402 do was de grothe ftern int weften in der vaften.

Anno 1403 do grepen de van Eyberftede feuen (7) erlike dithmarfche bruwen unde nemen fe vangen unde fetteden fe in de karcken tho Tönningen. Des vöfften dages quemen de Dithmarfchen auer tho Tönningen unde vorbranden dat halue Lant unde nemen ere bruwen webber mede tho hus.

Anno 1404 do lach Volenbrügge (Holzbrücke) twifchen Neffe (in Dithmarfchen) unde Ellenwurt auer de Eyder unde de lach eluen weken. It was do alfe ftark ein winter, dat me dreeff mit wagen unde fleden unde me habbe einen grothen ftarcken weg gelacht van Neffe auer de Eyder tegen Ellenwort. Dar was ein man de hete Johan Vole, de dreff dar erften auer, daraff hete dat

so daß ein jedes volle Haus ein englisches Pfund geben mußte und er beraubte sie aller alten Privilegien und alter Freiheit, nahm von ihnen einige gefangen und führte sie mit sich aus dem Land. Er tat dies deshalb, weil sie ihm seinen rechten Zins und Hauspfennig vierzehn Jahre zu Unrecht vorenthalten hatten.

1380 wurden alle Utlande am St. Walpurgistag (1. Mai) überflutet.

1393 war eine große Finsternis am St. Walpurgistag (1. Mai) und in diesem Jahr wurde am St. Walpurgistag alles überflutet.

1397 am Fastenabend fiel der Turm von Lundenberg hinunter.

1400 stand ein Komet im Westen.

1402 stand zu Fastenzeit ein großer Stern im Westen.

1403 ergriffen die Eiderstedter sieben ehrliche Dithmarscher Frauen, nahmen sie gefangen und setzten sie in die Kirche von Tönning. Am fünften Tage danach kamen die Dithmarscher nach Tönning herüber und verbrannten das halbe Land und nahmen ihre Frauen wieder mit nach Hause.

1404 lag eine Bo(h)lenbrücke über der Eider zwischen Nesse (Dithmarschen) und Ellenwurt und sie lag 11 Wochen. Damals war ein so starker Winter, daß man mit Wagen und Schlitten hinüberfahren konnte und man einen großen befestigten Weg von Nesse in Richtung Ellenwurt gelegt hatte. Ein Mann, Johan Bole, fuhr als erster rüber und deshalb hieß die Brücke

Bolenbrügge[1], unde ein man, de hete Johan Smyt, de quam van der Heyde uth Dithmarschen dreuen mit einem kalvkorue (? J.) in Sunte peters auende in der vasten, unde sine ossen vormödeden (ermüdeten) sick up deme wege up der Eyder also dat se sick dale setteden, unde he leep up tho Ellenwurt, unde halede dar twe ander ossen unde spande de vor den sleden unde dreff to lande unde alse do he ummesach, do thobrack de brügge unde ginck tho grunde, unde sin hunt was ein lüttick (wenig) thorügge, de ginck manck deme ise in grunt. Item de Bolenbrügge lach, do dreeff me ock twischen Westerheuer unde Pilvorm unde vort (fuhr) auer.

In düsseme 1404 jare in S. Oswaldus dage wart geslagen in Dithmarschen Lande de Eddele Förste Hartich (Herzog) Gert (Gerhard) tho Holsten unde tho Sleßwyk mit velheit siner manschup.

Anno 1406[2] achte dage vor Jacobi do wunnen de Eyderfresen de Fresenborch unde slogen Her Reymer Sesteden doth unde de Rennowe entlopen nowe (kaum), Her Thymme mit sinem broder, unde do thor tyt legen de Denen vor Gottorpe uppe dem Hestebarge unde in der Slye (Schlei) uppe de Jürgensborch. Do dat rüchte in dat heer quam, do vorlepen de Denen allent wat se habden unde vlogen vor den Vresen. Hartich Hinrick, de vor deme Varge slagen was des ein Houetman (Anführer, Hauptmann).

In düsseme 1406 jare in Sunte Vites dage do was dar eine grothe düsternisse auer de gantze werlt.

Anno 1408 vor deme vastelauende do togen alle de dre Lande auer ys (Eis) up Stwauestede (Schwabstedt)

---

[1] Etymologisch richtiger offenbar: von Bol, Balken, Bollwerk.
[2] al. 1416.

Bolenbrücke. Ein Mann, Johan Smyt genannt, kam von Heide aus Dithmarschen mit einem Kohlenkorb[1] am Abend von St. Peter (23. Februar) in der Fastenzeit. Seine Ochsen ermüdeten auf dem Weg auf der Eider, so daß sie sich hinsetzten. Er lief nach Ellenwurt und holte sich dort zwei andere Ochsen, spannte sie vor den Schlitten und trieb sie dem Lande zu. Als er sich umsah, zerbrach die Brücke und ging unter. Sein Hund, der ein bißchen zurückgeblieben war, ging zwischen dem Eis unter. Zur Zeit als die Bolenbrücke lag, fuhr man auch zwischen Westerhever und Pellworm hin- und herüber.

In diesem Jahr 1404 am St. Oswaldstag (5. August) wurde in Dithmarschen der edle Fürst, Herzog Gerhard zu Holstein und zu Schleswig mit vielen seiner Männer erschlagen.

1408, acht Tage vor St. Jakobus (25. Juli) gewannen die Eiderfriesen die Friesenburg und erschlugen Herrn Reymer Sesteden und die Gebrüder Rönnow, Herr Tymme mit seinem Bruder konnten kaum entkommen. Zu dieser Zeit lagen die Dänen vor Gottorp auf dem Hesterberg und an der Schlei auf der Jürgensburg. Als das Gerücht zum Heer kam, verließen die Dänen alles, was sie hatten und flohen vor den Friesen. Ihr Hauptmann war Herzog Hinrich, der vor dem Berge erschlagen worden war.[2]

In diesem Jahr 1406 war am St. Vitustag (15. Juni) eine große Finsternis über der ganzen Welt.

1408 zogen die Dreilande vor dem Fastenabend über das Eis nach Schwabstedt

---

[1] Kohlenkorb, orig.: Kalen Korve. Korb für die damals übliche Holzkohle
[2] 1427 Tod auf der Duburg

unde wolden dat winnen. Dar worden wol 80 man ge=
vangen, de anderen entlepen nowe, unde de dar gevangen,
geuen grothe schat (Lösesumme).

In düsseme 1408 (?) jare umme Sunte Magnus
dage, do quemen Her Magnus Muncke unde Her Luder
Kabel mit 8000 Denen unde rouede alle dat quick
(Vieh) tho Brestede unde Husem unde allent dat de
Vresesche vorgeest hadde unde slogen de kohe (Lager) na
Flensborch. Des anderen dages ganz brö do toch de
Hartich von Schowenborch (Schauenburg) na mit 400
wepener unde mit 700 Fresen votgenger unde beranden
(berannten) desse up Soldorper Heide unde slogen dar
Magnus Muncken doet mit 1400 unde vangen ock 400
man unde Her Luder Kabel entrande mit 1400 man unde
worden alle gantz sere gewundet, unde bede Her Magnus
Muncken doet sloch dat was ein Frese de hete Hunne[1].

Anno 1412 do was de grothe wint geheten S. Ce=
cilien wint.

Anno 1414 do was de slacht uppe dem Borchsande
umme Sunte Jacobes.

Anno 1413 do vengen de van Eiderstede vyff man
uth Dithmarschen in nachttiden, de hangeden se sunder
schult edder recht. Dar was ein mede (mit), geheten
Hebbeken Volkeff, sin moder Hebbeke de boet vor eme
einen schepel bul witpenninge (Silberpfennige) eer se en
to dem galgen nemen, unde sin broder Hebbeken Riquerdt
de boet twischen beiden Landen eine ewige söne (Sühne)
unde vrede mit segelen (Siegel) tho vorsettende, unde
daten (dieses) halp doche nicht. Hebbeke Ricquerdt vor=

---

[1] Nach Hvitfeld: Hunne Jessen, ein Friese, nach friesischen
Chronisten, namentlich Heimreich: Haje Brodersen aus Ockholm
(Michelsen, Nordfriesland p. 121). J.

und wollten es einnehmen. Wohl 80 Mann wurden gefangen und die anderen konnten nur mit Mühe entkommen. Diejenigen, die gefangen worden waren, mußten ein großes Lösegeld geben.

In diesem Jahr 1408 um St. Magnus (6. September) kamen Herr Magnus Munk und Herr Lüder Kabel mit 8000 Dänen nach Bredstedt und Husum und raubten alles Vieh und alles, was die friesische Vorgeest hatte. Sie trieben die Kühe nach Flensburg. Am anderen Tage ganz früh zog der Herzog von Schauenburg hinterher mit 400 Bewaffneten und 700 friesischen Fußleuten und berannten diesen auf der Solleruper Heide[1]. Dort schlugen sie Magnus Munk tot mit 1400 Mann und nahmen auch 400 Mann gefangen. Herr Luder Kabel entkam mit 1400 Mann, die alle schwer verwundet waren; derjenige, der Magnus Munk totgeschlagen hatte, war ein Friese, Hunne genannt.

1412 war ein großer Sturm, St. Cecilienstrum genannt (22. November).

1414 ereignete sich zu St. Jakobus (25. Juli) die Schlacht auf dem Borchsand[2].

1413 ergriffen die Eiderstedter zur Nachtzeit fünf Männer aus Dithmarschen, die sie aufhingen, ohne daß sie Schuld hatten und ohne Recht zu sprechen. Einer von ihnen war Hebbeken Volkeff. Für ihn bot seine Mutter einen Scheffel voll Silberpfennige, bevor sie ihn an den Galgen hingen[3]. Sein Bruder Hebbeken Riquert bot eine ewige Sühne zwischen den beiden Ländern an und einen ewigen Frieden mit gesetzten Siegeln, aber sie ließen deshalb doch nicht von ihrem Plan ab. Hebbeken Ricquerdt

---

[1] südlich Flensburg
[2] bei Vollerwiek
[3] Codex hist. 60: Dat se en van den Galgen nemen

delbe (verteilte) dit halue gelt unde makede Lantreyse[1]
unde de Dithmarschen quemen up Sunte Jacobs auende
up tho deme Borchsande (bei Vollerwiek), unde unse dre
Landes lüde de quemen en mit were entjegen, unde de
sunne schinede in dat rechte westen, unde de Fresen vor=
loren in deme ersten standen stride ses man. Van noth
wegen nemen de Dithmarschen de vlucht wedder na der
Eyder. De Fresen volgeden na und slogen dar aff VC (500)
man. De dar leuendich bleuen, de wolden sick gerne
vangen geuen. Querst (aber) de Fresen wolden nemande
vangen nemen. Do wendeden sick de Dithmarschen wedder=
umme, unde de Fresen nemen de vlucht, unde de Dith=
marschen slogen eme do aff 100 man, unde quemen se do
des andern dages so starck auer tho Vulrewyck, unde be=
dwungen Holmer lant, de geuen 700 Mk. tho Dingtale
(tale = Buße, Entschädigung). De van Euerschup geuen
500 Mk. Katrinherde unde Eyderstede vorbranden se all
in de grunt unde nemen unde beroueden ene allent dat
se hadden, dat nemen se mede, unde leten dat vort in
orloge (Streit, Kampf) staen twischen beiden Landen,
unde de van Eyderstede mosten noch 350 Mk.[2] darbauen
geuen dat se men up deme blothen (kahlen) waruen[3] liggen
mosten. Darbauen stunt it noch in apene orlige, also dat
me likewol rouede twischen beiden Landen, unde it stunt
dre jar lanck gantz buten vredes.

Anno 1414 do worden de Dithmarschen geslagen up
deme Borchsande.

Anno 1415 des dinges dages in deme vastelauende
do brecken de Dithmarschen de karcken tho Oldenswort in

---

[1] Landreyse (resen = sich erheben) hier Landesaufgebot, auch
Empörung, Aufstand. J.

[2] al. IIIIC.

[3] d. h. Werften, Hausstätten.

38

verteilte das halbe Geld und machte ein Landesaufgebot. Die Dithmarscher kamen am Abend von St. Jakob (25. Juli) zum Borchsand und die Leute unserer Dreilande kamen ihnen bewaffnet entgegen. Die Sonne stand im Westen und die Friesen verloren im ersten Handgemenge sechs Mann. Aus Bedrängnis flohen die Dithmarscher zurück zur Eider. Die Friesen folgten nach und erschlugen 500 (VC) Mann.[1] Diejenigen, die am Leben waren, wollten sich gerne gefangen geben. Aber die Friesen wollten niemanden gefangen nehmen. Da wandten sich die Dithmarscher wieder um und die Friesen ergriffen die Flucht und sie schlugen 100 Mann von ihnen tot. Am anderen Tage kamen sie so zahlreich rüber nach Vollerwiek und bezwangen das Holmer Land, das 700 Mark als Buße gab. Die Bewohner von Everschop gaben 500 Mark. Katharinenheerd und Eiderstedt verbrannten sie völlig und nahmen und raubten ihnen alles, was sie hatten. Sie nahmen alles mit und ließen offenen Streit zwischen beiden Landen bestehen. Die Eiderstedter mußten noch 350 Mark draufgeben, so daß sie auf den bloßen Warften[2] liegen mußten. Darüber blieb noch der offene Streit bestehen, so daß man gleicherweise zwischen den beiden Landen raubte und es drei Jahre hindurch keinerlei Frieden gab.

1414 wurden die Dithmarscher auf dem Borchsand geschlagen.

1415 am Dienstag in der Fastenzeit brachen die Dithmarscher in die Kirche von Oldenswort in der Nacht ein

---

[1] wahrscheinlich 95
[2] d. h. ohne Haus, auf dem Boden

der nacht unde brecken darin 34 kiften up unde nemen daruth so vele goldes unde smydes (Geschmeide) unde kledere alse 16 Man meift dragen konden. Donach ftoruen se alle quades (schrecklichen) böbes.

Anno 1416 des negeften mandages na Sunte Matheus dage ock des negeften dages na der karckewyginge (Kirch= weihe) tho Oldenswort lange vor dage do quemen be Dithmarschen mechtigen und ftarck auer tho Koldenbüttel unde vorbranden alle (ganz) Bluesbül (Uelvesbüll) unde alle Eyberftede in de grunt, unde darto flogen se 120 Man doet, unde se bedwungen Holmer lant unde Euerschup unde moften vorwiffen XXX dufent gude Marck. Noche baue allen eren schaden van de 500 Dithmarschen dede uppe deme Vorchsande geslagen worden, vor einen jewe= licken moften se geuen 100 gude Marck, dat is 90 Mk. lübsch, unde düffe (dörtich dufent Marck) de muften de Vresen alle mit louenwerdigen (glaubwürdigen) lüden be= segeln, unde de twölf ftige Vresen wurden ock dartho nicht betalet, unde allen schaden, alle brant, roff, doth= slach, alle bleeff it na. Alle düffen vorschreuen schaden moften de Fresen liden umme den willen dat se Hebbecken Volkeff hangeben ane schult.

Anno 1421 do ginck dar eine grote bloet up S. Stephanus dage.

Anno 1426 ock in dem 1427 jare do ginck de bloet jewelickes (jedes) jares up Sunte Michaelis dach.

Anno 1427 do wart Hartich Hinrick geslagen vor deme barge (bei Duborg) in unfes heren hemmelvardes auende.

Anno 1436 do ginck de bloet tho alle gades hilligen (Allerheiligen).

Anno 1436 in aller gotshilligen auende in der mid=

40

brachen dort 34 Kisten auf und nahmen daraus so viel Gold, Geschmeide und Kleider wie 16 Männer gerade tragen konnten. Danach starben sie alle einen schrecklichen Tod.

1416 am nächsten Montag nach St. Matthäus (21. Sept.) und auch am nächsten Tag nach der Kirchweih zu Oldenswort kamen lange vor Tagesanbruch die Dithmarscher mächtig und zahlreich bei Koldenbüttel herüber und verbrannten ganz Uelvesbüll und Eiderstedt und erschlugen obendrein 120 Mann. Sie bezwangen das Holmerland und Everschop, die 30 000[1] gute Mark vorweisen mußten. Darüberhinaus mußten sie noch all den Schaden für die 500 Dithmarscher bezahlen, die auf dem Borchsand erschlagen worden waren. Für einen jeden mußten sie 100 gute Mark geben, d. h. 90 Mark lübsch. Diese 30 000 Mark mußten die Friesen mit glaubwürdigen Leuten besiegeln, aber die 240 Friesen wurden dazu nicht verrechnet noch der ganze Schaden, alle Brände, jeder Raub und Totschlag, all dies blieb offen. All diesen aufgeschriebenen Schaden mußten die Friesen erleiden, weil sie Hebbeken Volkeff ohne Schuld gehängt hatten.

1421 gab es eine große Sturmflut am St. Stephanstag (26. Dezember).

1426 und 1427 gab es eine Sturmflut jeweils an St. Michaelis (29. September).

1427 wurde der Herzog Hinrich am Abend vor Himmelfahrt vor dem Berg (Duburg) geschlagen.

1436 gab es eine Sturmflut zu Allerheiligen (1. Nov.).

1436 am Abend vor Allerheiligen ereignete sich zu

---

[1] Codex hist. 60: 3000

dernacht do ginck de grothe Mandrenke, do verdrenkeden tho Tetenbül negen stige volckes, unde dar schach auergrothe schade in allen spadelanden, ock was de storm so groth, dat he vele minschen in de drencke (Wasser) weiede, unde ein man Aut Dethleues (Dethleffs) borgermeister tho Tönning de wolde redden ein wiff by sinem huse und steech in ein kume (Boot) unde de wage (Woge) nam ene van deme lande unde quam auer den dyk. Do winkede he mit den henden unde sede gude nacht, unde louede (gelobte) he sick tho der Wilsenack (Wallfahrtsort in der Mark) er he wedder tho hus quem, muchte he dat leuent redden, so halp eme Got der Here dat he tho Büsen (Büsum) int lant quam, unde helt sin geloffte (Gelübde), unde darna quam he wedder tho hus unde leuede darna mennigen guden dach.

In düsseme 1436. jare was dar eine düsternisse in alle gades hilligen dage (Allerheiligen).

Anno 1437 begaff sick dat de van Garding, Katerin= herde, Tetenbül unde Poppenbül mit den uth der Oster= heuer uneins worden. Düsse 4 Karspel scholden up jewelick deymat Landes 2 vote dikes uthvaten in deme Heuerdike. Düsse veer Karspel besegelden unde besworen sick thohopen, se wolden dat nümmermer don. Dar worden wol 36 man auer dothgeslagen unde Hartich Kule[1] tho Gottorpe venck uth den 4 Karspelen althogelike 15 man, de mosten 2500 Mck. geuen, laueden (gelobten) unde mosten sweren dat se in der Heuer wolden diken unde mosten do up jewelick Deymath 3 vote dikes anvaten, wente alle ör lant was thovoren diklos, unde de in der Osterheuer hadden do verdehalue rode dikes up jewelick deymath.

[1] al. Aleff (Adolf).

Mitternacht die große Mandrenke und zu Tetenbüll ertranken 180 Menschen und es entstand ein großer Schaden im ganzen Spatenland. Der Sturm war so stark, daß er viele Menschen in das Wasser wehte. Ein Mann, Aut Detleff, Bürgermeister von Tönning, wollte eine Frau bei seinem Haus retten und er stieg in ein Boot. Eine Woge trieb ihn vom Land ab und er kam über den Deich. Da winkte er mit beiden Händen und sagte Gute Nacht und gelobte, daß er, bevor er wieder nach Hause ginge, erst zur Wilsenack[1] gehen würde, wenn er sein Leben retten würde. Da half ihm Gott der Herr, so daß er zu Büsum ans Land kam; er hielt sein Gelübde, kam nach der Wallfahrt wieder nach Hause und lebte noch viele gute Tage.

In diesem Jahr 1436 gab es eine große Finsternis zu Allerheiligen.

1437 begab es sich, daß sich die Gardinger, Katharinenheerder, Tetenbüller und Poppenbüller mit den Osterhevern stritten. Diese vier Kirchspiele sollten für jedes Demat Land zwei Fuß Deich am Heverdeich ausheben. Die vier Kirchspiele besiegelten und schworen sich gegenseitig, daß sie dies niemals tun wollten. In diesem Streit wurden wohl 36 Mann erschlagen und Herzog Adolf von Gottorp ergriff aus jedem der vier Kirchspiele 15 Mann, die 2500 Mark geben mußten und sie mußten geloben und schwören, daß sie an der Hever deichen wollten und sie mußten dann für jedes Demat Land drei Fuß Deich ausheben, wohingegen vorher all ihr Land deichlos gewesen war.[2] Die Bewohner der Osterhever hatten vier und einhalb Ruten[3] Deich für jedes Demat zu machen

---

[1] Bad Wilsnack, Krs. Perleberg (seit 1513 Stadt), 1383 bis gegen Ende des 16. Jahrhunderts Wallfahrtsort. „Wunderblut von Wilsnack"

[2] ab 1435 gehört Nordfriesland zum Herzogtum, vorher wären sie nicht verpflichtet gewesen, am Seedeich mitzuhelfen

[3] 1 Eiderstedter Rute = 4,80 m

Anno 1439 in unſer leuen bruwen dage tho lateren do vend (fing, nahm gefangen) Epe Wunckens Staller in Euerſchup unde Uthholm Poppen Eggens ſone, unde do in unſer leuen bruwen dage (Marientag) do togen de dre lande vor Epensborch unde grouen de dale (ſchleiften ſie), unde dreuen Epen klar uth deme lande 4 ummegaende jar land. In deme ſüluen 1439. jare was ock de grothe peſtilentie.

Anno 1442 in unſer leuen bruwen auende to lateren do worden unſe dre lande tho Huſem vorſchreuen (ge= fordert) vor Hartich Aleff, unde moſten eme 7000 Marck (Sühnengeld) vorwiſſen unde vorborgen vor Epe Wenne= kens borch, unde moſten Epen vorborgen 500 Marck vor ſinen hoen (Schaden), unde darbauen alle degenne (die= jenigen) bede ſin gut (Güter) habben gerouet, de moſten eme dat webbergeuen mit 40 Marck beteringe (Buße, Er= ſaß), unde moſten do Epen wedder mede int lant nemen, unde he bleeff vortan ein vulmechtig Stalre (Staller) auer Euerſchup unde Uthholm. Do bleff Wenni Sywens ſin ſchriuver unde bleeff bi eme 8 jar.

Anno 1445 des ſonnauendes vor Viti do dingede Otto Spliet tho Sunte Peters kercken (Kirche). De twe Lande wolden ene dothſlan unde wundeden 7 ſiner knechte ſwarliken. Darumme ſloch he Hawh Pons ſone doet unde vend eme 8 vangen (Gefangene) aff. Dar wolde de Holmer Rath 62 man van liue (Leben) unde van gude gebracht hebben, de moſten alle ere halſe löſen (wurden getötet) unde de Lande vorwiſſeden (überwieſen) eme 6000 Marck, unde Hawh Pons ſone den ſcholden de Lande bethalen vor 180 Marck, ock moſten ſe den knechten ere wunden beteren (bezahlen) vor 180 Marck. Darbauen geuen de van S. Peter 400 Marck, de van Tating 500

44

1439 am Tag unserer Lieben Frau (12. September) nahm Epe Wunnkens, Staller von Everschop und Utholm, den Sohn von Poppen Eggens gefangen und am Marientag zogen die Dreilande vor die Epensburg und schleiften sie und trieben Epe für vier Jahre völlig aus dem Land. In diesem selben Jahr war auch die große Pest.

1442 am Marientag wurden unsere Dreilande nach Husum vor Herzog Adolf gerufen und mußten ihm 7000 Mark vorweisen und verbürgen wegen der Burg von Epe Wunnkens. Sie mußten Epe Wunnkens 500 Mark für seinen Schaden geben und außerdem mußten alle, die ihm seine Güter geraubt hatten, diese mit 40 Bußgeld zurückgeben und schließlich mußten sie Epe wieder ins Land nehmen. Er blieb fortan ein mächtiger Staller über Everschop und Utholm. Wenni Sywens wurde sein Schreiber und blieb 8 Jahre bei ihm.

1445 am Sonnabend vor St. Vitus (15. Juni) hielt Otto Spliet vor der Kirche von St. Peter Gericht ab. Die beiden Lande wollten ihn totschlagen und verwundeten sieben seiner Knechte sehr. Deshalb schlug er den Sohn von Hawy Pons tot und nahm sieben von ihnen gefangen. Darauf wollte der Holmer Rat 62 Mann von Leben und Gut gebracht sehen. Sie mußten alle ihre Hälse lösen[1] und die Dreilande überwiesen ihm 6000 Mark. Den Sohn von Hawy Pons sollten die Lande mit 180 Mark bezahlen, auch mußten sie die Wunden ihrer Knechte mit 180 Mark bezahlen. Darüberhinaus gaben die St. Peteraner 400 Mark, die Tatinger 500 Mark

---

[1] d. h. sich freikaufen

Marck, darbauen tho unkoſten geuen de uth der Weſter=
heuer 1000 Marck.

In düſſeme 1445. jare des ſonnauendes vor Viti do
vornhede (erneuerte) Wenni Shwens de olden breue (Ur=
kunden) in Uthholmer Lant, dar Otto Splht unde Epen
Wunnekens do thor tht dinck (Gericht) helben mit vulborde
(Vollmacht, Zuſtimmung) düſſer twe Lande Raetlübe.

Anno 1459 na lateren 12ten do ſtarff Epe Wunckens
in der Oſterheuer naturliken dobes.

Anno 1461 do was S. Peters dach in der erne
(Ernte) up einen ſonnauent, do reet de weldige (gewalti=
ger) vaget (Staller, Vogt) Jon Jonſſen in Ehderſtede,
Euerſchup unde Uthholm Staller, mit ſinen knechten in
den Holm (Uthholm), unde dingede (hielt Gericht) dar
einen dach. Des negeſten ſondages eine ſtunde na middage
do reet he van dar na Garding unde wolde dar ding
ſitten (Gericht abhalten). Alſe he do van deme perde
wolde ſtigen, des wareden (warteten) Poppe Swehn unde
Tete ſin broder ſülffteinde up Joen, unde ſprefen tho
eme: Jon wh moten rekenſchop mit di holden. Unde ſine
knechte weren dar nicht bh, wente (denn) ſe treckeden de
perde in den ſtal. Do ſpreck he wedder unde ſede: Ick
bed en nicht hope. Do ſprungen ſe tho unde houwen
(ſchlugen) em dat houet (Haupt) midden entweh unde tho=
houwen em thomalen ſwarliken, darmede bleeff he doet,
unde wundeden 5 ſiner knechte, unde ſe deden ene nichtes
wedder, ſunder (außer) ſin verdt (Wirt) deme was ſin duet
leet, de grep Jons ſwerdt unde wundigede Teten wedder.
Dit ſchach geringe (ſchnell) eer jemant van wußte. Dar=
mede gink Poppe Swein mit alle den anderen hen tho
ſinem huſe, eten unde drunken dar noch. Darmede toch
Swein unde Thete mit eren 8 knechten na der Ehder

46

und zu den Unkosten gaben die Westerheveraner 1000 Mark.

In diesem Jahr 1445 am Sonnabend vor St. Vitus (15. Juni) erneuerte Wenni Sywens die alten Urkunden im Utholmer Land, als Otto Spliet und Epe Wunnkens zu dieser Zeit Gericht hielten mit der Vollmacht der Ratleute dieser zwei Lande.

1459, nach den 12 Nächten[1], starb Epe Wunnkens in Osterhever eines natürlichen Todes.

1461 fiel St. Peterstag (29. Juni) auf einen Sonnabend mitten in der Ernte. Da ritt der gewaltige Vogt Jon Jonssen, Staller über Eiderstedt, Everschop und Utholm, mit seinen Knechten nach Utholm und hielt dort einen Tag Gericht ab. Am nächsten Sonntag, eine Stunde nach Mittag, ritt er von dort nach Garding und wollte dort Gericht abhalten. Als er dort vom Pferd steigen wollte, warteten dort Poppe Sweyn und Tete sein Bruder mit 8 weiteren auf Jon und sie sprachen zu ihm: Jon, wir müssen Rechenschaft mit Dir halten. Seine Knechte waren nicht dabei, denn sie zogen die Pferde in den Stall. Er antwortete und sagte: Das will ich nicht hoffen. Da sprangen sie hinzu und schlugen ihm den Kopf mitten entzwei und verletzten ihn alle so schwer, daß er starb. Sie verwundeten 5 seiner Knechte und diese wehrten sich nicht, mit Ausnahme seines Wirtes, dem sein Tod leid tat, der Jons Schwert ergriff und Tete wiederum verwundete. Alles geschah so schnell, bevor man wußte, was eigentlich geschah. Poppe Sweyn ging darauf mit allen anderen nach Haus, wo sie noch aßen und tranken. Dann zogen Sweyn und Tete mit ihren 8 Knechten zur Eider

---

[1] 25. Dez. — 6. Jan.

unde wolden in Dithmarschen vlogen hebben. Auerst Jons knechte unde etlicke siner vrunde (Verwandte) mit Jons perden de jageden na. Do vloech (flüchtete) Sweyn mit sinem volcke in de kercken tho Vulrewyck. Do noch eer de sunne underghinck do quemen wy wol mit 100 tholike (zugleich) thorönnen mit perden van dem osten unde be= leden (belagerten) düssen Sweyn mit alle sinen knechten in de karcken tho Vulrewyck, unde wy beleden unde be= paleden de karcken mit balen, mit balcken unde mit anderem swaren holte alle vast, unde wy beringeden (umschlossen) de karcke buten umme mit der harden wapener (bewaffne= ten) hant de nacht auer, unde des morgens do setten wi dre houetlüde (Anführer) alse Folff Jacobs, Wennige Sywens unde sinen broder Diderick schriuer, unde stor= meden do up de karcken mit der harden hant. Wy leten up de südersiden 3 grothe vogeler (Leitern) tho unde 20 schütten under einem bolwarcke, wente (aber) se wereden sick sere, unde se schoten einen man dot. Dat deden se uth dem grothen gathe (Loch), dat wy hadden gemaket mit den büssen. Dar schoten unse schütten ock wedder in. Darunder hadden wi eine grothen Rammer (Rennbock). Daran tasteden 120 man unde lepen de süderkarckböer entwey. Do lepen de houetlüde darin. Dar volgeden nicht mer alse 10 man, wente dar vunde wy dat olde sprickwort waer: An noden (Not) schal en man truwe vrunde prouen (prüfen, erproben). Wente Sweyn hadde alle den alstrack (Petrejus erklärt: Gestühl) up den böne dragen, unde se wereden sick hartlicken, unde worpen mit stenen unde benken (Bänke) al so sere dale van den böne, dat uns de hoetrande (Sturmhüte) entwey under den kinnebacken borsten unde de iseren hode (Hüte) stouen uns umme de koppe ebder (oder) de rande van den hoden hange=

und wollten nach Dithmarschen fliehen. Aber Jons Knechte und etliche seiner Verwandten jagten mit Jons Pferden nach. Sweyn flüchtete sich mit seinen Leuten in die Kirche von Vollerwiek. Noch ehe die Sonne unterging, kamen wir, etwa 100, mit Pferden aus dem Osten zusammengelaufen und belagerten diesen Sweyn mit all seinen Knechten in der Kirche von Vollerwiek; wir belagerten und verrammten die Kirche mit Bohlen, Balken und anderem schweren Holz und wir umschlossen die ganze Nacht hindurch die Kirche von außen mit schwer bewaffneten Männern. Am Morgen setzten wir drei Anführer fest: Folff Jacobs, Wenni Sywens und Diderick Schreiber, sein Bruder, und wir bestürmten die Kirche mit harter Hand. Wir ließen auf der Süderseite drei große Leitern aufstellen und zwanzig Schützen hinter einem Bollwerk angreifen, aber sie wehrten sich sehr und schossen einen Mann tot. Dies taten sie aus dem großen Loch heraus, das wir mit den Gewehren gemacht hatten. Dort schossen unsere Schützen auch wieder hinein. Wir hatten einen großen Rammbock dabei. 120 Mann ergriffen ihn und rannten die südliche Kirchentür entzwei. Dort liefen die Hauptleute hinein. Es folgten ihnen aber nicht mehr als 10 Mann, so daß wir das alte Sprichwort bewahrheitet fanden: In der Not soll man seine Freunde erproben. Aber Sweyn hatte alles Gestühl auf den Boden getragen und sie verteidigten sich von dort schwer, warfen mit Steinen und Bänken so sehr vom Boden herab, daß uns die Sturmhüte unter den Kinnbacken barsten und die eisernen Helme uns um den Kopf flogen oder die Riemen der Helme uns von den Helmen

den uns etlicken by den oren dale. Also flogen se uns mit
der harden hant wedder uth der karcken, unde wy quemen
alle leuendich wedder uth. Do beringenden wy de karcken
buten wedderumme, unde leten de dore (Tür) apen, unde
wy makeden ein groth scherm van balen, dar men velich
(sicher) under gaen konde in der karcken, unde wy brochten
do in der anderen nacht droge reet unde holt uth deme
velde in de karcken, unde leden dar manck pick unde teer,
unde wy wolden do de karcken büret (angezündet) hebben.
Do quam Clawes Ratlow tho uns riden mit 20 perden
(Reitern) in der nacht, unde Euerschuppesman legen be=
norden uns in deme velde mit einen grothen heere volckes,
ock lach ein man geheten Grothe Holm up de Dithmarscher
siden mit einem grothen heere, wente etlicke weren sine
vründe, de dar belecht weren, men (aber) se dorften uns
nicht betengen. Men do des dingedages morgens in der
dageringe (Frühe), do Sweyn dat sach, dat wy de karcken
konden büren ane sinen danck, do geuen se sick uth unde
geuen sick uns unde Clawes Ratlow vangen, unde Clawes
sede ene (ihnen) gut vor lyff unde sunt. Do worden se
alle swarlicken gebunden unde mosten by den perden lopen
wente (bis) in den langen Hemme tho Jons haue (Hof),
unde alle ere wapene (Waffen) de se umme unde an
hadden dat wart up einem wagen na gevört, unde Wennige
Sywens vörde Sweyn by sinem perde, also bat ene (ihn)
Sweyn, dat he wolde eme so lange bult geuen, he wolde
eme wat klagen. Do helt he stille, do sede Sweyn: nu
ruwet (gereuet) my dat ick nicht hebbe gehört den raet,
den my truwe vründe redden (rieten), wente men scholde
neen dinck beginnen me schal dat ersten auerdenken wo
sick dat mochte endigen, unde hadde ick dat gedaen, so
hadde it uns nicht behoff (beschieden) gewest, unde de mi

50

an den Ohren herunterhingen. So schlugen sie uns mit kräftiger Hand wieder aus der Kirche hinaus, aber wir kamen alle lebend wieder heraus. Darauf belagerten wir die Kirche wiederum draußen und ließen die Tür offen; wir machten einen großen Schutzschirm aus Bohlen unter dem man sicher in die Kirche gehen konnte und in der folgenden Nacht brachten wir trockenes Reeth und Holz aus dem Feld in die Kirche und wir legten Pech und Teer dazwischen, denn wir wollten die Kirche anzünden. In der Nacht kam Clawes Ratlow mit zwanzig Reitern zu uns geritten. Die Männer von Everschop lagen nördlich von uns auf dem Feld mit vielen Leuten. Auf der Dithmarscher Seite lag ein Mann, Grothe Holm genannt, mit einem großen Heer, denn etliche von denen, die belagert wurden, waren seine Freunde, aber sie wagten nicht, uns anzugreifen. Am Dienstagmorgen jedoch bei Tagesanbruch, als Sweyn sah, daß wir die Kirche ohne seinen Dank[1] anzünden konnten, gaben sie auf und gaben sich uns und Clawes Ratlow gefangen. Clawes Ratlow versprach ihnen Leben und Gesundheit. Sie wurden schwer gefesselt und mußten neben den Pferden herlaufen bis zur langen Hemme zu Jons Hof. Alle ihre Waffen, die sie bei sich hatten, wurden auf einem Wagen nachgeführt. Wenni Sywens führte Sweyn neben seinem Pferde. Da bat ihn Sweyn, ob er ihm einen Augenblick Geduld gewähren wolle, weil er ihm etwas klagen wolle: Da hielt er an und Sweyn sagte: Nun reut es mich, daß ich nicht auf den Rat gehört habe, den mir treue Freunde gaben. Man soll keine Sache (blindlings) beginnen, man soll sie erst überdenken, wie sie enden könnte und hätte ich dies getan, so wäre dies nicht so gekommen. Derjenige,

---

[1] gegen sein Gefallen

dar tho sprock unde Jon mede (mit) vorreth, de tüt sick
nu van mi unde gifft mi auer unde let mi nu bleuen
(bleiben) in grothen nöden, unde Sweyn de bat Wennige
Sywens, dat he eme wolde günnen, dat he eins muchte
water drinken tho grothen Aluersum (Großolversum) uth
einem water dat heet dat Iller meer. Dat muchte eme
nicht gelingen. Na der tyt worden se swarlicken gebunden
uppe dre wagen, unde vörden se mit Clawes Rathlowe
tho Gottorppe in den torn (Turm, Gefängnis). Darinne
legen se 18 weken, do in Sunte Andreas auende do quam
unse gnedige Here Karsten (Christian) koninck tho Denne=
marcken mit siner gnade reden (Räten) unde ook unser
dryer Lande Raet tho Sleswyck uppe dat raethus unde
sat dar auer ding unde recht. Dar wart Sweyn unde
Tethe unde ere 8 söldener (Knechte) vorbracht unde worden
upgeslaten uth allen slöten unde stunden dar leddich unde
loes, unde Sweyn unde Tethe scholden dar vor deme
gerichte lyff unde gut vorantworden, des se nicht doen
konden. Men unse gnedige Here koninck Karsten mit siner
gnaden Reden unde mit der dryer Lande raet de scheden
(entschieden) unde vunden, men se scholde se alle richten
mit deme swerde. Dar toch me se alle uth Sleswyck, dar
worden erer 9 gerichtet umme erer grothen undoet willen,
so wolde de koninck se hebben radebracken (rädern) laten,
men dar wart swarlicken vor gebeden, de teinde knecht
was nen (keinem) nütte mer, dem geuen Jons vründe dat
liff (Leben).

Düsse Jon Jonssen dede also unverschuldet wart ge=
slagen, de helt alle unse dre Lande in so gudem vrede
unde rechte binnen unde buten Landes, dat nuwerlde (nie
zuvor) in düssen dren Landen des vredes unde rechtes
gelike gewesen hefft, wente he was seer strenge wedder

52

der mich dazu überredet hat und Jon auch verraten hat, der zieht sich nun von mir zurück, übergibt mich und läßt mich in großen Nöten zurück. Sweyn bat Wenni Sywens, ihm zu gestatten, aus dem Wasser bei Großolversum zu trinken, einem Gewässer, das das Iller Meer genannt wird. Dies wurde ihm nicht erlaubt. Danach wurden sie auf drei Wagen festgebunden und sie fuhren mit Clawes Ratlow in das Gefängnis von Gottorp. Dort lagen sie 18 Wochen. Am Abend des St. Andreas (30. November) kam der gnädige König Christian von Dänemark mit seinen Räten und auch den Räten der Dreilande nach Schleswig und sie saßen dort über Ding und Recht. Sweyn und Tete mit ihren 8 Knechten wurden vorgeführt, wurden von all ihren Fesseln befreit und standen dort frei und los. Sweyn und Tete sollten vor Gericht Leben und Gut verantworten, was sie aber nicht tun konnten. Aber unser gnädiger Herr König Christian mit seinen Räten und den Ratsleuten der Dreilande entschieden und beschlossen, daß man sie alle mit dem Schwerte richten solle. Darauf zogen alle aus Schleswig heraus und sie wurden wegen ihrer großen Untaten hingerichtet. Der König wollte sie auch rädern lassen, aber es wurde schwer darum gebeten, (es nicht zu tun). Der 10. Knecht war zu keinem Nutzen mehr, dem gaben die Freunde Jons das Leben.

Dieser Jon Jonssen, der also ohne Schuld erschlagen worden war, hatte unsere Dreilande in gutem Frieden und Recht innerhalb und außerhalb des Landes gehalten, wie niemals zuvor in diesen Dreilanden in gleicher Weise Friede und Recht gewesen war, aber er war sehr streng gegen die

(gegen) de auerdadigen (Uebeltäter), dar schonde he nicht
an, all weren se od sine egenen dlesches dründe gebaren,
de he dicke unde dacken in stocke unde blocke settede, od in
venckenisse (Gefängnis) umme erer missedaet willen.

In düsseme 1461. jare do wart van mines gnedigen
Heren wegen Thete Fedderkens auer de dre Lande vaget
(Staller) gesettet, unde des negesten 68 jares des mid=
wekens vor S. Laurens dage do wart rede (fertig) gemaket
de Garde (Hof) den Thete Fedderkens let maken.

Anno 1463 des sondages negest na 12 dagen do
vinck koninck Karsten Laurens Leuens Staller in deme
Nordstrande unde settede ene in den torn tho Gottorppe
gantz swarlicken, unde he sande do Otto Splyt unde Hinrick
Breyde mit 60 knechten od mit etlicken borgere von Husem
snellicken in deme Nordstrande unde de scholde up Lau=
rentius garden (Hof) hemelicken gesleken hebben. Des
wurden Laurentius dründe (Verwandten) warnet, snellicken
belepen se den garden, unde Otte en konde dar nicht up
kamen, unde idt wart den vienden in der nacht tho wetende
(kund), dat Laurens gevangen was, unde in dersüluen
nacht versammelden se dat gantze Land gantz snellicken.
Do wolde Otte unde Hinrick vor morgens wedder tho schepe
unde wolden vleen (fliehen). Do schoten se Otten van sinem
perde, also entvil eme sin watsack (Mantelsack, Reisetasche),
de was vul hameren unde knyptangen unde hantkluuen
(Handschellen). Do de lantlüde dat segen, do snellicken
flogen se etlicke knechte doet, unde bunden Otto Splyt unde
Hinrick Breyden mit den 60 knechten, od etlicke van Husem,
unde treckeden se up Laurentius garden unde sloten se do
gantz swarlicken wedder ein deel in ere egene hantkluuen,
unde behelden se so lange, dat Laurens wart uthgelaten
unde tho Lande brocht, unde sloten düsse vangene süluen

54

Übeltäter, die er nicht schonte, auch wenn sie Verwandte seines eigenen Blutes waren, die er fest und oft in Stock und Block setzte und sie auch ins Gefängnis wegen ihrer Missetaten brachte.

1461 wurde durch meinen gnädigen Herrn, Thete Fedderkens zum Staller über die Dreilande gesetzt und im späteren Jahr 1468, am Mittwoch vor St. Laurentius (10. Aug.) wurde die Garde[1] fertiggestellt, den Thete Fedderkens sich bauen ließ.

1463 am Sonntag nach den 12 Tagen[2] ergriff König Christian den Staller Laurens Levens von Nordstrand und setzte ihn im Turm von Gottorp gefangen und er sandte Otto Spliet und Hinrik Breyde mit 60 Knechten und etlichen Bürgern aus Husum schnell nach Nordstrand, damit sie sich heimlich auf den Hof von Laurens Levens schlichen. Die Verwandten aber von Laurens Levens wurden davor gewarnt, schnell liefen sie auf den Hof und Otto konnte nicht hinaufkommen. Es wurde den Verwandten in der Nacht bekannt, daß Laurens Levens gefangen worden war und in derselben Nacht versammelten sie schnell das ganze Land. Da wollten Otto und Hinrik vor Tagesanbruch wieder auf die Schiffe um zu fliehen. Sie schossen aber Otto von seinem Pferd und auch seine Reisetasche fiel herunter, die voll von Hammer, Kneifzangen und Handschellen war. Als die Bauern das sahen, schlugen sie etliche Knechte tot, banden Otto Spliet und Hinrik Breyde mit den 60 Knechten und auch etliche von Husum. Sie zogen zum Hofe von Laurens und fesselten dort einen Teil mit ihren eigenen Handschellen und sie hielten sie solange gefangen bis Laurens freigelassen und ins Land zurückgebracht wurde und er[3] befreite die Gefangenen dann selbst,

---

[1] Garde = befestigter Hof mit umlaufendem Graben
[2] 25. Dez. bis 6. Jan.
[3] Codex hist. 60: Slot

up, unde lethen se van dem garden, unde dar bleeff alle Dinck by.

In düsseme 1463. jare in Sunte Florentius dage do wart bespeteloget Barnkemor koch al droge all umme, unde da vort am auende Pancratii do meten se einem Jsliken up sine Dykstede alse 22 vote dykes up jewelick behmat landes sunder mondewarck. De koch was 280 Deymede mit der korten rode (Rute) gemeten.

Anno 1467 des anderen dages na S. Pancratii do wart angehauen Oster Offenbül am ersten tho bikende van der Mondeleye (Orts= oder Flurname) tho der hogen brügge, unde do tegen den middensamer do ginck be wint tho dem nordwesten, unde weyde 2 dage unde 2 nachte gantz sere, also dat it nicht affleet, dat wy den koch nicht drogen konden.

Anno 1468 am auende S. Pancratii do wart be= tenget (beschlossen) Offenbül wedder tho dykende, unde wunnen den koech droge mit grothem volcke, unde se be= helden ene dre vlode droge, do brack he wedder uth in Foyke Jskels edtschop (Pfand, Los?).

Anno 1468 des midwekens vor S. Laurens dage do wart de Gaerde rede gemaket, den Tete Vedderkens maken leet, unde do habbe Tete 7 jaer in mines Heren denst gewest auer de dre Lande.

In düsseme 1468 jare tho S. Martens dage do upbörde Thete Fedderkens des Heren wegen den schat auer unse dre Lande, des de summe was 6350 Marck lübisch, unde antwerde (überantwortete, überreichte) dat tho Gottorppe Heren Gerde (Gerhard), do gaff de rykeste 10 Marck. Thete Fedderkens regerde düsse Lande 13 jar lanck.

Anno 1469 in S. Florentius dage do begunden se

56

ließ sie von der Garde wegziehen und so blieb alles beim alten.

1463 am St. Florentiustag (7. November) wurde der Koog von Barnekemor eingedeicht und am Abend vor St. Pankratius (22. Mai) bemaßen sie für jeden 22 Fuß Deich für jedes Demat Land, außer dem Mondwerk.[1] Der Koog hatte 280 Demat mit der kurzen Rute gemessen.

1467 am Tage nach St. Pankratius (22. Mai) wurde zu deichen begonnen von der Mondeleye[1] bis nach Hochbrück, aber gegen Mittsommer kam der Wind aus Nordwesten und wehte zwei Tage und Nächte so sehr, und ließ nicht ab, daß wir den Koog nicht trocken bekamen.

1468 am Abend zu Pankratius (22. Mai) wurde beschlossen, Offenbüll wieder einzudeichen und mit großer Anzahl von Leuten wurde der Koog trocken gewonnen und sie hielten ihn drei Fluten hindurch trocken bis er wieder einbrach auf dem Losstück von Foyke Iskels.

1468, am Mittwoch vor St. Laurentius (10. August) wurde die Garde, den Thete Fedderkens erbauen ließ, fertiggestellt. Zu diesem Zeitpunkt hatte Thete Fedderkens 7 Jahre im Dienst meines Herren über die Dreilande gestanden.

In diesem Jahre 1468 erhob Thete Fedderkens zu St. Martinstag (11. November) von unseren Dreilanden die Steuer, die sich auf 6350 Mark lübsch belief und er überreichte sie zu Gottorp Herrn Gerhard. Der reichste Mann mußte 10 Mark geben. Thete Fedderkens regierte dieses Land 13 Jahre lang.

1469 am St. Florentiustag (7. November) begannen sie

---

[1] ley = Wattstrom, Mondwerk = Deichstück über die Mondeleye (heute noch Flurnamen)

Offenbül wedder tho bykende, unde do brack he uns in dre weken twe mal uth.

Anno 1470 noch in S. Florentius dage do begunden se Offenbül wedder tho bykende, unde dreuen de 180 rode slickes auer mit den storten (Sturzkarren), unde des vry= dages vor Pinxten auende do velde wy den slyck droge up 8 rode wyt mit 650 storten unde mit unbegrieplickene volckes arbeide. Do behelde wy den koech droge. Do vort Anno 1471 in deme alle grothen storme do brack de koch vort wedder uth.

Anno 1470 do ginck eine grothe vloet in der hilligen dre koninge dage, doch bleeff de dyk by der Eyder heel, men (nur) Offenbül, de wol nye gemaket Anno 70, de brack uth.

Anno 1471 up der hilligen drier koninge dach, do was so groth water, dat menlicken in Dithmarschen inbreck ere lant in dat norden.

Anno 1472 im maente (Monat) Februario do vorhoff (zeigte) sick ein unbegryplick sterne in dat südwesten, unde sine stralen de legen dwars auer den hemmel in dat nort= westen, unde de stralen weren dicke unde licht unde lanck, unde de sterne stunt benedden dem firmamente in der lucht (Luft), unde gaff schin van sick, unde düsse sterne de dreff den hemmel uner sine stralen de lepen dwars auer den hemmel mede umme, unde düsse sterne vorhoeff sick mit deme Februarh, weme sin regiment stunt men een maente, unde wo blanck dat de hemmel was, jedoch so was it dicke unde dakich umme den sterne, unde he scheen dorch den dake, unde sine stralen de glentzeden unde weren blanck. De Meisters in den planeten (Astronomen) schriuen van düssem sterne, dat he hadde in siner lenge 18000 mile unde in siner wide auer dwars 1700 mile,

Offenbüll wieder einzudeichen, aber er brach uns in drei Wochen zweimal wieder ein.

1470 zu St. Florentiustag (7. Nov.) begannen sie Offenbüll wieder einzudeichen und sie trieben 180 Ruten Schlick rüber mit den Sturzkarren und am Freitag vor Pfingsten füllten wir den Schlick auf 8 Ruten breit mit 650 Sturzkarren und einer unbegreiflichen Anzahl von Arbeitsleuten. Nun behielten wir den Koog trocken, jedoch sofort im Jahre 1471 bei dem großen Sturm brach der Koog wieder ein.

1470, am Tage der Heiligen Drei Könige gab es eine große Sturmflut, doch der Deich bei der Eider blieb heil, nur das Stück bei Offenbüll, das im Jahre 1470 neu gemacht worden war, brach ein.

1471, am Tage der Heiligen Drei Könige (6. Januar) gab es eine so große Sturmflut, daß im Norden Dithmarschens der Deich an vielen Stellen einbrach.

1472 zeigte sich im Februar ein unbegreiflicher Stern im Südwesten und seine Strahlen liefen quer über den Himmel gegen Nordwesten und diese Strahlen waren dick, hell und lang. Der Stern stand unten am Firmament und gab seinen Schein von sich. Dieser Stern bewegte sich den Himmel entlang und seine Strahlen liefen quer über den Himmel mit. Er wurde langsamer im Februar und seine Herrschaft dauerte nur einen Monat und so hell der Himmel auch war, so neblig und dunstig war es um den Stern. Er schien durch den Nebel hindurch und seine Strahlen glänzten und waren hell. Die Sternkundigen schrieben von diesem Stern, daß er 18 000 Meilen lang sei und seine Breite 1700 Meilen betrage.

unde se schriuen vorder (weiter), dat se hebben gevunden in olden historien vor gades bort (Christi Geburt) 15 jaar do habbe dar ock sodanige sterne gewesen in der lucht, dat mochte wesen hebben by den tiden do koninck Frobbe (sagenhafter König) van Dennemarcken alle de Landes= heren unde 69 Stritförsten doet slach, dar he denne guden vrede mede bedwanck. Item de Meisters schriuen noch wider van düssem sterne, dat sin regiment schal 15 jar na waren (andauern), wan men schrift 87 so endiget sick dat arge.

(Anno[1] 1473 do storff Tete Vedderken donnersdages na Lucä dage, de düsse dre lant wol 13 jar regerde.)

Anno 1473 was de koninck van Dennemarcken in Eyderstede.

(Anno[2] 1472 des sonnauendes vor unser leuen vrauen dage erer bort (Geburt) quam Her Gert von Oldenborch, koninck Karstens broder, tho Husem mit 80 edder 90 man, unde wolde dat Hertichryke (Herzogtum) van Sleßwyck unde Greueschup (Grafschaft) tho Holsten regeren. Auer 14 dage darna up einen Mandach quam desülue koninck Karsten, Here (Herr) der vorbenomeden lande, unde Her Gert wart vorbluchtig (flüchtig), süllfftwölfte, unde alle dejenen, de mit eme helden, quamen in grothen noden.)

Anno 1472 na unser leuen vrauen thor lateren bort, do quam Juncker Gerdt van Oldenborch, koninck Karstens broder, tho Husem wol mit 80 edder 90 man, unde se huldigeden eme vor einen Heren, unde ock etlicke uth deme Strande, unde Her Gerdt toch uth unde lede sick vor Swauestede (Schwabstedt) mit den Stapelholmere, unde

---

[1] Dieser Satz ist von Johann Russe später aus der zweiten Handschrift hier hineingeschrieben.
[2] Dieser Satz ist auf dieselbe Art eingeschoben.

Und sie schrieben weiter, daß sie in alten Geschichten gefunden hätten, daß auch damals, 15 Jahre vor Christi Geburt, ein solcher Stern in der Luft gewesen sei. Dies war noch zur Zeit von König Frodde von Dänemark, als er alle Landesherren und 69 Streitfürsten totgeschlagen hatte und dadurch den guten Frieden erzwang. Ebenso schrieben die Sternkundigen von diesem Stern noch weiter, daß seine Herrschaft 15 Jahr andauern solle und wenn man 87 schreibe, werde das Übel enden.

(1473 starb am Donnerstag nach St. Lukiä [13. 12.] Thete Fedderkens, der diese Dreilande 13 Jahre regiert hatte.)

1473 besuchte der König von Dänemark Eiderstedt.

(1472 am Sonnabend vor [1] Mariä Geburt [8. September] kam Herr Gerd von Oldenburg, der Bruder von König Christian, mit 80 oder 90 Mann nach Husum und wollte das Herzogtum von Schleswig und die Grafschaft von Holstein unter seine Herrschaft bringen. Aber 14 Tage danach, an einem Montag kam derselbe König Christian, Herr über die obengenannten Lande. Herzog Gerd floh und alle diejenigen, die zu ihm gehalten hatten, kamen in große Not.)

1472 nach [1] Mariä Geburt (8. September) kam Junker Gerd von Oldenburg, der Bruder von König Christian, mit 80 oder 90 Mann nach Husum und sie huldigten ihm als ihren Herrn und so auch einige aus dem Strander Land. Herzog Gerd zog aus Husum heraus und legte sich vor Schwabstedt zusammen mit den Stapelholmern.

---

[1] Abschrift aus zwei verschiedenen Handschriften

de Eiderstedeschen wolden eme nicht huldigen, wente (weil) sin broder koninck Karstens was gehuldiget vor einen erff= heren (Erbherrn) des gantzen Landes tho Holsten. Auer dre weken darna quam koninck Karsten tho Husem, unde Her Gerdt wart vorbluchtig sülfftwölfte, unde nam den weke (Weg) dorch dat lant tho Holsten, unde toch na Lunenborch (Lauenburg), de hulpen eme vortan, unde alle de mit eme helden, de quemen in grothe nöden, unde de van Husem gingen deme koninge entjegen mit dem hilligen Sacramente. De koninck wolde Husem hebben angesticket tho veer orden (an vier Ecken) mit rade der Hamborger. Men (aber) dar wart swarlick vor gebeden van deme Droste (Großvogt, Amtmann) tho Gottorppe Peter van Alefelde unde van Tete Fedderkens Staller in Eiderstede, so begnade se de koninck, men he beschattede se swarlicken, se mosten geuen 30000 Marck, unde be= rouede en alle ere priuilegie, unde nam en wat se hadden van ingedome (Eigentum, Besitz), unde ere huse nam he en eins deels unde vorgaff se. Dar bauen (außerdem) geuen se alle jar 200 Marck.

In deme Strande was ein mechtig man, geheten Ebdeleff Knutzen, de wart vorrichtet (verurteilt), gebunden up eine tafel, dar ene de bödel (Büttel, Polizist) upsneet unde dat harte (Herz) uth deme liue (Leibe) nam, sloch ene (ihn) darmede vor den munt, unde sede: „Si dar din vorretlicke harte!" — wurt darna in 4 stücke gehowen (zerteilt) unde up 4 rade gelecht. Sin dochterman wart gerichtet, unde andere vele uth deme Strande worden de koppe affgehowen, unde van Husem, unde van Lundeberge, unde van den Stapelholm, unde etlicke uth Eyderstede, de dar erlos (ehrlos), landlos unde gutlos umme worden, grothe bede darumme hadden, eer se ein deel wedder mit

Aber die Eiderstedter wollten ihm nicht huldigen, weil seinem Bruder, König Christian, als Erbherr des ganzen Landes Holstein gehuldigt worden war. Drei Wochen später kam König Christian nach Husum und Herzog Gerd floh mit 11 Genossen, nahm den Weg durch Holstein und zog nach Lüneburg, wo man ihm weiter half. Alle, die zu ihm gehalten hatten, kamen in große Not und die Bewohner von Husum gingen dem König mit dem heiligen Sakrament entgegen. Nach dem Rat der Hamburger wollte der König Husum an allen vier Ecken anstecken lassen, aber der Amtmann von Gottorp, Peter Alefelde, und der Staller Thete Fedderkens aus Eiderstedt baten sehr darum, es nicht zu tun; so ließ der König Gnade walten, aber er besteuerte sie schwer: sie mußten 30 000 Mark geben, sie wurden aller ihrer Privilegien beraubt und er nahm ihnen, was sie an Besitz hatten und einen Teil von ihren Häusern verteilte er. Darüber hinaus mußten sie ihm jedes Jahr 200 Mark geben.

Auf dem Strand lebte ein mächtiger Mann, Edleff Knutzen genannt. Er wurde verurteilt, auf ein Brett gebunden, wo ihn der Scharfrichter aufschnitt, ihm das Herz aus dem Leibe nahm, es ihm um den Mund schlug und sagte: ,Sieh hier Dein verräterisches Herz'; danach wurde er in vier Stücke gehauen, und auf vier Räder gelegt. Sein Schwiegersohn wurde hingerichtet und vielen vom Strande wurden die Köpfe abgeschlagen; diejenigen aus Husum, von Lundenberg und Stapelholm und viele aus Eiderstedt, die ehrlos, landlos und besitzlos geworden waren, mußten sehr darum bitten, bevor sie wieder nach einer großen Geldbuße begnadigt wurden.

grothem gelbe tho gnaden quemen. Der Stapelholmere unde der van Erwede (Erfde) unde van der Thlen (Tielen an der Eider) worde ere huse upgebrant unde darbauen swarliden beschattet (mit Steuern belegt).

Anno 1474 storff Thete Fedderkens Staller auer Eyderstede Euerschup unde Uthholm in der quatertemper (Quatember) vor winachten naturlikes dodes, unde sin sone Boye Tetens wart wedder vaget auer de dre lande.

Anno 1476 do gin䑃 de vloet in Sunte gallen dage, do gin䑃 de vloet also hoge, dat alle uthlande undergingen (unter Wasser standen), o䑃 gin䑃 Dithmarsche lant under. Barnkemorkoch bra䑃 o䑃 in, unde alle de koge in alle uth= lande, sunder Oldenswort dat bleeff droge.

Anno 1477 do gin䑃 de vloet tho Sunte Gallen dage up einem dinges dach. Item up densüluen Sunte Gallen dach auer 7 jaren do gin䑃 noch eins de vloet up einen dingesdach.

Anno 1478 in deme Sommer wart de Torn tho Garding gesperet (gesetzt).

Anno 1479 in Sunte Barbaren nachte do gin䑃 de vloet twe upstaende vot hoger alse se Anno 76 dede, wente dar was nicht ein dickes vack umme alle dit lant sunder de vloet habbe dar up gewesen. Noch bleeff Oster Offenbül unde Barnkemorkoch droge.

In düsseme 1479. do bloyeden (blühten) alle appel= böme twe mal in einem jare in Dithmarschen, unde it schach auer alle dat lant, o䑃 hadden vele bome twe bruchte, de lateste brucht was na Sunte Michaelis dage. Dar quam düre tyt na, unde dat schude von neneme hunger.

Anno 1481 vyff dage vor S. Urbanus dage do storff de dorchluchtigeste förste Karsten (Christian I.), tho Denne= marcken, Sweden unde Norwegen, der Wende unde Gotten

Die Häuser der Bewohner von Stapelholm, Erfde und Tielen wurden niedergebrannt und darüber hinaus wurden sie schwer mit Steuern belegt.

1474 im Quatember vor Weihnachten [1] starb Thete Fedderkens, Staller über Eiderstedt, Everschop und Utholm, eines natürlichen Todes. Sein Sohn Boye Thetens wurde danach Staller über die Dreilande.

1476 gab es eine Sturmflut zu St. Gallen (16. Okt.) und das Wasser stand so hoch, daß alle Ländereien der Uthlande unter Wasser standen; auch das Dithmarscher Land ging unter. Der Barnkemorkoog brach ebenfalls ein wie alle Köge in den Uthlanden; nur der Koog von Oldenswort blieb trocken.

1477 gab es eine Sturmflut am St. Gallenstag (16. 10.) an einem Dienstag. So geschah es auch schon vor sieben Jahren, als es schon einmal eine Sturmflut an einem Dienstag vor St. Gallen gab.

1478 wurde im Sommer der Turm von Garding gesetzt.[2]

1479 in der Nacht von St. Barbara (4. Dezember) gab es eine Sturmflut, die zwei Fuß höher war als die von 1476, denn es gab um das ganze Land herum keinen festen Deich mehr, wo die Flut nicht rübergegangen war. Auch Osteroffenbüll und Barnkemorkoog blieben nicht trocken.

1479 blühten in Dithmarschen alle Apfelbäume zweimal und dies geschah überall im Lande. Viele Bäume hatten zweimal Früchte und die letzte Frucht wurde nach St. Michael (29. September) geerntet. Danach folgte eine teure Zeit und das verursachte manchen Hunger.

1481 fünf Tage vor St. Urbanus (25. Mai) starb der durchlauchtigste Fürst Christian von Dänemark, Schweden und Norwegen, König der Wenden und der Goten,

---

[1] Bußtage nach dem 3. Advent
[2] vgl. 1483; 1478 durch Vertauschung aus 1487 entstanden

koninck, Hartich tho Sleßwyk, Holften unde Stormeren, Graue (Graf) tho Oldenborch unde Delmenhorst.

Anno 1481 des mandages negeft Lichtmeffen do ftorff Bischop Nicolaus van Sleßwyk.

Anno 1482 des mandages vor S. Lucien dage do wart felige koninck Karftens fone, koninck Hans, tho Husem ingebracht (eingeholt) mit groter proceffion mit dem loff= wardigen Sacramente, unde wart wedder gehuldiget in fines vaders ftede, unde he dede de vort wedder Loffte (Gelübde) unde Ede (Eide), dat he wolde einen jewelicken (jeden) beholden by fineme rechten olden Lantrechte, alle den Inwaneren des Hartochdoms tho Sleßwyk.

Anno 1483 do geuen de gemene man deme koninge einen fchat, unde de rikeften geuen 6 Marck.

Anno 1483 donredags up Sunte Gallen dach brack in de Nyekoch, unde wart bloet auer alle dit gantze Lant. Item vort auer vyff weken darna Sonnavend up S. Cicilien dach do ginck de bloet noch eins auer alle Lant.

In düffeme 1483. jare ginck noch eins de bloet des mandages in deme vaftellauende (Faftenzeit), unde dat gantze Lant wart vorvullet mit water, fo dat de bloet ginck dremal in einem jare, up S. Gallen dach unde up H. Cicilien dach. Noch krech men velle (viel) kornes unde it wart ein vel (gefegnetes, reiches) jar.

In düffeme 1483. do wart gemaket dat fundament tho Gardinge tom torne.

Anno 1484 in Nyejars nachte do ginck de bloet auer alle (ganz) Nordtftrande unde in Dithmarschen, unde alle de koge by der geeft lanck, de brecken ock uth, men (nur) Eiderftede dat bleeff droge.

Anno 1485 do quam koninck Hans in Eyderftede up Boye Tetens borch (Burg, Hof), unde he was dar men 22

Herzog von Schleswig, Holstein und Stormarn, Graf von Oldenburg und Delmenhorst.

1481 am Montag nach Mariä Lichtmeß (2. Februar) starb der Bischof Nicolaus von Schleswig.

1482 am Montag vor St. Lucia (13. Dezember) wurde König Hans, der Sohn des seligen König Christian, nach Husum in einer großen Prozession geleitet mit dem heiligen Sakrament. Ihm wurde an seines Vaters Stelle gehuldigt und er gab sofort wieder seinen Eid und sein Gelübde darauf, daß er jedem Einwohner des Herzogtums Schleswig sein rechtes, altes Landrecht belassen wolle.

1483 gaben die gemeinen Leute dem König eine Steuer und die reichsten von ihnen gaben 6 Mark.

1483 an einem Donnerstag an St. Gallen (16. Oktober) brach der Neuekoog ein und das ganze Land wurde überflutet. Ebenso fünf Wochen danach, am Sonnabend auf St. Cecilia (21. November) ging die Flut noch einmal über das ganze Land.

1483 an einem Montag in der Fastenzeit kam die Flut noch einmal und das ganze Land wurde überflutet; so kam die Flut also dreimal in einem Jahr, am Tage von St. Gallen (16. Oktober) und am Tage von St. Cecilia (21. Nov.). Man bekam aber noch viel Korn und es war ein gesegnetes Jahr.

1483 wurde das Fundament für den Gardinger Turm gemacht.

1484 in der Neujahrsnacht wurde ganz Nordstrand, Dithmarschen überflutet und alle Köge an der Geest entlang brachen ein; nur Eiderstedt blieb trocken.

1485 kam König Hans auf den Hof von Boye Thetens und obwohl er nur 22 Stunden dort blieb

klockestunde up, unde vor wedder uth deme Lande in S. Gertruden dage, nachtens vorterde he 200 Marck lüb. Der= geliken was he ock in deme strande tho Laurens Leuens hus.

Item in düsseme 1485. jare des vrydages vor palm do wart angehauen dat murwarck des tornes (in Garding) unde wart dessüluen jares vullenbracht in Sunte Michae= lis auende.

Anno 1487 des mandages na der pascheweke (Oster= woche) do wart betenget de spytse (Spitze) des tornes Gardinge mit deme herde, unde de spisse was achte stige (Stieg) vote[1] hoch, unde ward vullenbracht in jaar 1488 in des hilligen Lichmes auende.

Anno 1488 des vrydages vor Sunte Wolbergis dage do wart de erste steen gelecht unde gemuret tho deme nyen sanckhuse (Kirche) tho Kotsenbül. De erste Kercher dosüluest Her Hinrick Eggens, de vaget ouerst des Landes Boye Tetens wanende tho Kotsenbül up dem garden (Hof) unde was Thete Fedderkens sone (Sohn).

Anno 1489 in dem sommer do wart de dam geslagen (Eindeichung des Dammkooges) twischen Eyderstede unde Husem.

Anno 1489 up S. Peters dach in deme sommer do gaff Boye Tetens deme karspel tho Kotsenbül, dat se mochten dregen rüting (Gewehr) unde armborst ane allen schaden, weme des lust in deme karspel.

In düsseme 1489. jare do was it eine Akesche reise (Pilgerfahrt nach Aachen), unde des jares do regente it so vele in deme samer alse it habbe gedaen in hundert jaren. Tho S. Jacobs dage do leep dat water auer alle wege, unde alle ackere weren wol halff bedauen.

---

[1] al. 200 vote.

und am St. Gertrudstag (17. März) wieder aus dem Land reiste, verzehrte er in der Nacht 200 Mark lübsch. In der gleichen Weise war er auch in dem Haus von Laurens Levens auf Nordstrand.

1485 am Freitag vor Palmsonntag wurde das Mauerwerk des Turmes in Garding angefangen und es wurde im selben Jahr zu St. Michaelis (29. September) vollendet.

1487 am Montag nach der Osterwoche wurde die Spitze des Gardinger Turmes mit dem Dach abgeschlossen und die Spitze war 160 Fuß hoch und sie wurde im Jahre 1488 vollendet am Abend der Heiligen Lichtmeß (2. Februar).

1488 am Freitag vor St. Walpurgis (1. Mai) wurde der erste Stein gelegt und gemauert zu der neuen Kirche in Kotzenbüll. Der erste Kirchherr (Priester) war dort Hinrich Eggens; der Staller des Landes, Boye Thetens, wohnte in Kotzenbüll auf seiner Garde. Er war ein Sohn von Thete Fedderkens.

1489 wurde im Sommer der Damm zwischen Eiderstedt und Husum gebaut.

1489 am St. Petritag (29. Juni) im Sommer erlaubte Boye Thetens dem Kirchspiel Kotzenbüll, daß sie Gewehr und Armbrust tragen dürften ohne allen Schaden, wer Lust in diesem Kirchspiel dazu hätte.

1489 wurde eine Pilgerfahrt nach Aachen veranstaltet, denn in diesem Jahr regnete es im Sommer so viel, wie es in hundert Jahren nicht geregnet hatte. Zu St. Jakob (25. Juli) lief das Wasser über alle Wege und alle Äcker waren halb verdorben.

Anno 1492 in des hilligen E. Auende vor Michaelis do was de vloet in der kremper Marsch, unde dat korne dat gewunnen unde geborgen was, dat vlot in de Elue (Elbe) unde Eyder, unde dat volck dat umme gades willen in Freslant beide junck unde olt, in Dithmarschen unde tho Hamborch unde so wyt de Lande darumme belepen weren, unde de tunne weten unde roggen gulden 2 Marck, de tunne garsten 1 Marck 4 ßl. unde de tunne haueren (Hafer) 8 ßl. ock 10 schilling.

In düsseme 1492. jare des mandages na S. Bartho= lomeens dage do wart Hartich Frederick gehuldiget tho Lundebarge van den Strandingen unde Eyderstedischen.

Anno 1493 in deme samer do quam Eggardus Dorekop vor einen bischop tho Sleßwyck.

Anno 1494 uppe unser leuen bruwen dach tho der lateren wart Her Nicolaus Sutwels doet geslagen van Jacob Pralle unde Hans Petersen, unde me mosten nen (keinen) gades denst (Gottesdienst) holden in sös weken auer dat gantze lant, unde was groth pestilentie in Uth= holmer lant, dat me de doden nicht bestedigede (bestattete) tho der erden, unde de van Garding mosten tho dem ende na Sleßwyck dat se dar den sanck (bischöfliche Sanktion) wedder kregen, unde dat warde wente (bis) tho vastelauende.

Anno 1495 am auende unser leuen bruwen thor lateren do wart Volquart Thedens, wanhafftig in der Osterheuer, Staller auer den Nordtstrande, unde Laurens Leuens wart affgeset.

Anno 1495 des sandages na Sunte Peter unde Pawel (Paulus) wart de kercke tho Kotsenbül dorch Eggardus Dorekop bischop tho Sleßwyck gewyet.

Anno 1495 des mandages up S. Marien Magda= lenen dach do quam Hans Ebbelman van Sunte Jacob

1492 am Abend des St. E. vor St. Michael (29. September) [1] wurde die Kremper Marsch überflutet und das Korn, das gewonnen und aufgestellt worden war, trieb in die Elbe und in die Eider. Das Volk, jung und alt, bettelte um die Gnade Gottes, in Friesland, in Dithmarschen, Hamburg und so weit die Lande darum zu erreichen waren; und die Tonne Weizen und Roggen kosteten 2 Mark, die Tonne Gerste 1 Mark und vier Schilling und die Tonne Hafer 8 oder auch 10 Schillinge.[2]

1492 am Montag nach St. Batholomäus (24. August) wurde dem Herzog Friedrich in Lundenberg von den Strandern und Eiderstedtern gehuldigt.

1493 kam im Sommer Eggardus Dorekop als Bischof nach Schleswig.

1494 am Tage unserer lieben Frau (8. September) wurde Herr Nicolaus Suwels von Jakob Pralle und Hans Petersen getötet. Man durfte im ganzen Land sechs Wochen lang keinen Gottesdienst abhalten. Eine große Pest war in Utholm, weil wir die Toten nicht in der Erde bestatteten. Die Gardinger mußten schließlich nach Schleswig, um dort die bischöfliche Sanktion zurückzugewinnen. Dies dauerte bis zur Fastenzeit.

1495 am Abend unserer lieben Frau (8. September) wurde Volquart Thetens, wohnhaft in Osterhever, zum Staller über Nordstrand gesetzt und Laurens Levens wurde abgesetzt.

1495 am Sonntag nach Peter und Paul (29. Juni) wurde die Kirche von Kotzenbüll durch Eggardus Dorekop, Bischof von Schleswig, geweiht.

1495 am Montag vor St. Maria Magdalena (22. Juli) kam Hans Eddelmann von Santiago (de Compostela)

---

[1] 14. Sept. Exaltatio Sanctae Crucis
[2] für ungefähren Vergleich mit 100 zu multiplizieren

(San Jago in Spanien, Wallfahrtsort) mit sinem schepe unde vele pilegrinne mit eme.

In düsseme 1495. jare wart tho vullenkamen de Capelle tho Husum, dar dat Crütze gnade deyt[1].

In düsseme 1495. jare starff Margareta (?) koninck Karstens up S. Katharinen dach.

Anno 1496 do branden de Denen up Hilligelande (Helgoland) den Bremeren ere huse (Wohnungen) aff, wente (weil) de stede (Städte) alse Hamborch, Stade, Bremen unde de Westfresen helden it vor ein vry (frei) Lant, unde dar= bauen so vorbedinget Hartich Frederick van Holsten it vor dat sine. Darup schach it. Darna des anderen jares do me schreff 97, do quemen de van Hamborch, Stade, Bremen unde de Dithmarschen, unde vorbranden des Hartichen hus (Herzogs Haus) wedder unde wat darinne was, hering, büssen unde ander gut, dar groth schade unde unwillen aff quam[2].

Anno 1497 up Sunte Brigitten dach alse de klocke dre was na middage do wart de Mant bedunkert, so dat se so roth was geschagen alse (wie) bloet (Blut), unde warede bet an de verde stunde an der auent.

In düsseme 1497 jare tho Sunte Michel, do wan (eroberte, gewann) koninck Hans Sweden.

Anno 1498 do togen der vorbenomeden Stede unde Lande ör volck wedder up Hilligelande, unde de Hartich sande dar einen Denschen vaget (Vogt), geheten Jorth Nyckels, mit velen Denen unde mit hülpe der Uthholmeren. Do venck de vaget thein Man thohope van Hamborch, Stade unde Bremen, unde vingen ock ses stige[3] Dith= marschen, darvan groth vordreet quam, wente de Dith=

---

[1] al. dar do dat hillige Crütze teken bede.
[2] al. entstunt.
[3] al. 130.

mit seinem Schiff und viele Pilger kamen mit ihm.

In diesem Jahr 1495 wurde die Kapelle in Husum fertiggestellt, damit das heilige Kreuz Gnade erweise.[1]

1495 starb Margareta [2], die Frau von König Christian am Tag von St. Katharina (25. Nov.).

1496 brandten auf Helgoland die Dänen die Häuser der Bremer nieder, weil die Städte wie Hamburg, Stade, Bremen und die Westfriesen es für ein freies Land hielten und außerdem beanspruchte Herzog Friedrich von Holstein es für sich. Deswegen geschah es im anderen Jahr, da man das Jahr 97 schrieb, daß die Hamburger, Stader und Dithmarscher kamen und das Haus des Herzogs und alles war darin war, verbrannten, Büchsen und anderes Gut, so daß ein großer Schaden und Ärger daraus entstand.

1497 zu St. Brigitte (8. Oktober) um drei Uhr nachmittags verdunkelte sich der Mond, so daß er rot wie Blut war. Dies dauerte bis vier Uhr.

1497 zu St. Michael (29. September) eroberte König Hans Schweden.

1498 zogen die obengenannten Städte und Länder mit ihren Leuten wieder gegen Helgoland und der Herzog sandte einen dänischen Vogt hin, namens Jorth Nyckels. Er kam mit vielen Dänen und mit der Hilfe der Utholmer. Dort ergriff der Vogt 10 Mann aus Hamburg, Stade und Bremen und sie ergriffen auch 120 Dithmarscher. Daraus entstand ein großer Streit, weil die

---

[1] Codex hist. 60: da das heilige Kreuz Zeichen gab
[2] Dorothea ist der richtige Name

marschen grepen vele Fresen wedder uth alle Eyderstede, unde nemen ene groth gelt aff, men thom latesten geuen se quyt (frei) de gevangenen. Dartho helden de van Eyderstede unde de Dithmarschen de wacht tho beiden siden[1] by der Eyder van alle gots hilligen dage an wente tho deme Aduente (Advent).

Anno 1500 am midweken vor S. Valentyn, dede was up einen donnerdach, do quam de dorchluchtigste Förste koninck Hans tho Dennemarcken mit sinem broder Hartich Fredericke tho Holsten unde mit Junker Alff (Adolf) unde Junker Otten Grauen (Grafen) tho Oldenborch, ridderen, gudemannen (Leute vom Adel, ritterbürtige Vasallen), vogeden, amptmannen, mennigen stolten, stalbroderen, borgern, buren, Fresen, Denschen, unde velen kriges= knechten, alse den Garden[2], der Capiteine (Führer) was Junker Thomas Slens ein stritbar kemper (Krieger), toch van Hogen=Westede (Hohenwestedt) na Meldorppe in Dith= marschen, unde vort (sogleich) an Sunte Valentinus dage stormede unde bedwanck Meldorp. De Dithmarschen vor= lepen Meldorpe, de betreden (betroffen) worden darbinnen, de worden alle doet geslagen, unde he lach mit sinem grothen here unde volcke binnen Meldorppe bet tho deme negesten mandage. Do toch he uth mit gantzer macht na Hemmingstede, unde wolde na der Heyde. Dar was des Försten upsaet (Absicht) dorch einen kuntschopper (Kund= schafter), de de wege inthokamende beseen scholde, den de Dithmarschen gevangen hadden, klegelick vormeldet (verraten). Dar de Dithmarschen einen kleinen wall (Schanze?) bereidet hadden[3], unde alse darsüluest jammer=

---

[1] al. an beiden Landen.
[2] Am Rande von Joh. Russe: „anders de Guardia geheten."
[3] al. beredeben.

Dithmarscher wieder viele Friesen aus ganz Eiderstedt ergriffen und ihnen viel Geld abnahmen. Zuletzt aber gaben sie die Gefangenen frei. Daraufhin hielten die Eiderstedter und Dithmarscher an beiden Seiten der Eider Wache vom Allerheiligentag bis zum Advent.

1500 mitten in der Woche vor St. Valentin (14. Februar) an einem Donnerstag kam der durchlauchteste König Hans von Dänemark mit seinem Bruder Friedrich, Herzog von Holstein, mit Junker Adolf und Junker Otto, Graf zu Oldenburg und in Begleitung von Reitern, ritterlichen Vasallen, Vogten, Amtmännern, manchen stolzen Kämpfern, Bürgern, Bauern, Friesen, Dänen und vielen Kriegsknechten als Leibwache. Der Führer war Junker Thomas Slens, ein streitbarer Krieger. König Hans zog von Hohenwestedt nach Meldorf in Dithmarschen und sofort am St. Valentinstag bestürmte und bezwang er Meldorf. Die Dithmarscher verließen Meldorf, aber die in der Stadt angetroffen wurden, wurden alle getötet. König Hans lagerte bis zum nächsten Montag mit seinem großen Heer und Volk in Meldorf. Dann zog er mit all seiner Streitmacht aus nach Hemmingstedt und wollte nach Heide. Die Absicht des Königs wurde durch einen Kundschafter, der die Wege erkunden sollte und den die Dithmarscher gefangen hatten, kläglich verraten. Da die Dithmarscher einen kleinen Wall aufgeworfen hatten und sie dort nur schwerlich hinüberkamen,

liken auerquemen, unde deme koninge unde sinem brodere
mennich stolt man, ribbere, gudemans, vogede, borgere,
buren 2c unde sine Ome (Vetter) de vorgeschreuen Heren
tho Oldenborch mit deme Capiteine van der Garde unde
mennigen stolten krigesknechten auervele vorspildet (weg=
gekommen), vordrencket unde affgeslagen worden, unde
so klegelick vorrasket (überrascht), dat de Reysener den
votgangeren offte wedderumme nicht jennich (irgend eine)
hülpe edder bystant doen kunden, also dat de vorge=
schreuenen Heren den weke (Weg) nemen uth deme velde
(Schlachtfelde) bet tho Rendesborch mit dengennen (den=
jenigen) de dat leuent (Leben) geborgen hadden. Unde
dat sülffte jaar was dat rechte gulden (goldene) jaar,
dat auer hundert jaren plecht tho kamende unde is an=
gesettet.

Anno 1500 do wart Boye Tetens (Staller in Eider=
stedt) dotgeslagen in deme bauengeschreuenen stride tho
Dithmarschen, unde Fedder Asens (in Oldenswort wohn=
haft) wart wedder vaget (Staller) auer de dre Lande.

Anno 1500, 14 dage vor paschen (Ostern) hebben de
Dithmarschen de borch tho Thylen (Tielenburg) in Stapel=
holm belagert, gantzlick in de grunt vorstöret (zerstört)
unde dale geworpen, unde was se darup gevunden, hebben
se all mit sick wech gevört, ock dat Blick (Dorf, Flecken)
tor Thylen vorbrant.

Anno 1500 ummetrent (ungefähr) Meydage do sint
de Dithmarschen mit homode (hohem, großem Mute) uth=
getagen in de Wilster Marsch in Sunte Margareten (St.
Margarethen) karspel, seggende se villen S. Margareten
de vote vorbernen (die Füße verbrennen). Sunder de
buren van der Wilster mit etlichen krigesknechten hebben
se up de vlucht gebracht unde etlike van en dotgeslagen,

wurde dem König und seinem Bruder manch stolzer Mann, Reiter, Vasall, Vogt, Bürger, Bauer etc. getötet, und seinem Vetter, dem obengenannten Herrn von Oldenburg, und dem Führer der Garde manch stolzer Kriegsknecht getötet, ertränkt und totgeschlagen; weil sie so kläglich überrascht worden waren, daß die Reysener[1] den Fußgängern oft keinerlei Hilfe noch Beistand leisten konnten. So geschah es, daß die obengenannten Herren sich aus dem Schlachtfelde mit denjenigen, die das Leben hatten retten können, bis nach Rendsburg zurückgezogen. Dasselbe Jahr war ein richtiges goldenes Jahr, das alle hundert Jahre zu kommen pflegt und gewährt wird.

1500 wurde Boye Thetens in dem obengeschriebenem Streit erschlagen und Fedder Asens (Oldenswort) wurde nun Staller über die Dreilande.

1500, vierzehn Tage vor Ostern, haben die Dithmarscher die Burg bei Tielen in Stapelholm belagert, sie ganz dem Boden gleichgemacht und geschleift und alles, was sie dort fanden, haben sie mit sich geführt und auch das Dorf Tielen verbrannt.

1500 ungefähr im Mai sind die Dithmarscher mit großem Mut in die Wilster Marsch in den Kirchspiel von St. Margarethen mit der Absicht gezogen, den St. Margarethern die Füße zu verbrennen.[2] Aber die Bauern aus der Wilstermarsch und viele Kriegsknechte haben sie in die Flucht geschlagen und viele von ihnen getötet.

---

[1] Reiter
[2] Eigentlich: der hölzernen Statue der Schutzheiligen St. Margaretha die Füße zu verbrennen

ock dorch öre egene krut (Pulver), dat unvorseens ange=
sticket, sin van se etlicke ummegekamen.

Anno 1499 des vrydages vor S. Peter in der vasten
do was dar so grothe wint, dat dar vele huse umme
weyeden, unde vele lande de dar auer verdoruen.

In düsseme sülven winter was dar so grothe noth
in Eyderstede unde alberwegen van foster[1], dat dar vele
quekes (Vieh) hunger starff.

Düsses sülven winters worden dar ock vangen tho
Hilligelande 70 Dithmarschen, de dar des vorjares hadden
upgebrant des Hartich Frederick sin hus, unde worden
gevört tho Gottorppe unde up andere slote (Schlösser),
unde de uth Eyderstede mosten den helen winter wacht
holden vor de Dithmarschen mit 200 man.

Anno 1501 am midweken vor S. Vites dage ent=
stunt unde vorhoff (ereignete) sick ein groth wedder, unde
donnert gantz vorschrecklick deme volcke unde ock den beesten
unde queke, unde stracks darna quam ein scharp hagel
unde stunt an van Vulrewyck eine strecke[2] int süden, de
karspele Welte, Thetenbül, Cotsenbül, Oldenswurt, wider
na Koldenbüttel dorch gaende, unde dat schöne winterkorn
afsslaende unde vordelgende (vernichtete) so depe dat men
de klute up dem acker muchte kennen, unde de hagelstene
weren eines deels van gröthe einer walnoth, ein part
grother, ein part kleiner. Jedoche hefft Got sine gnade
schinen laten, so dat dar korne is wedder gewussen up
dem sülfften acker, dar de hagel auer gegaen habbe, in
deme sülfften jare in grother veelheit vele kornes, unde
is ock vele vorsumet unde vorseen wurden mit umme=
plogende, bede (die da) nenen (keine) hapen (Hoffnung)

---

[1] d. h. Futter.
[2] al. einen stremen.

78

Auch sind viele von ihnen durch ihr eigenes Pulver um-
gekommen, das unversehens angezündet worden war.

1499 am Freitag von St. Peter (29. April) in der
Fastenzeit, erhob sich ein so großer Sturm, daß viele Häu-
ser umgeweht wurden und viele Ländereien deswegen ver-
darben.

Im selben Winter war in Eiderstedt und überall eine
so große Not an Futter, daß viel Vieh vor Hunger starb.

Im selben Winter wurden auch auf Helgoland 70 Dith-
marscher gefangen, die im Vorjahr das Haus des Herzogs
Friedrich niedergebrannt hatten. Sie wurden nach Gott-
torp geführt und auf andere Schlösser. Die Eiderstedter
mußten den ganzen Winter über mit 200 Mann Wache vor
den Dithmarschern halten.

1501 am Mittwoch vor St. Viti (15. Juni) erhob sich
ein großes Unwetter und dem Volk, den Tieren und dem
Vieh donnerte es ganz schrecklich und gleich danach kam
ein scharfer Hagel. Dieser fiel etwas südlich von Voller-
wiek, ging über die Kirchspiele Welt, Tetenbüll, Kotzen-
büll und Oldenswort weiter bis nach Koldenbüttel und
schlug und vernichtete das schöne Winterkorn tief, daß
man die Krumen auf dem Acker sehen konnte. Die Hagel-
körner waren einerseits so groß wie Wallnüsse, teils grö-
ßer, teils kleiner. Jedoch hat Gott seine Gnade walten las-
sen, so daß dort, auf demselben Acker, wo der Hagel
rübergegangen war, das Korn wieder gewachsen ist; und
zwar im selben Jahr noch eine große Menge Korn. Es ist
aber auch viel versäumt und versehen worden durch das
Umpflügen bei denjenigen, die keine Hoffnung hatten,

habben, dat it webber tho were scholbe kamen (wachsen würde).

Anno 1502 am anderen sonbage na paschen, Misericordias Domini geheten, bo was de hoff tho Stenbel in der Marke, dar wart Marckgraue Jochim tho Brandenborch vortruwet (angetraut) konink Hanses dochter tho Dennemarcken, unde konink Hans sin brober Frederick Hartich tho Holsten wart webberumme vortruwet Marckgrauen Jochims Süster (Schwester), Anna geheten, unde de bylacht (Beilager) was mit velen Försten, Hartogen, Grauen, Bischoppen, Ridderen unde Gubemannen getzyret unde herlicken uthgerichtet, wo Försten gebört unde gewanlick (Brauch) is.

Anno 1507 des donnersbages vor S. Pawel bekeringe (Bekehrung) storff de Bischop van Sleßwyck Detleff Powisch, unde am dingesbage vor Lichtmessen ward Bischop Gosck webber gekaren (gewählt).

Anno 1508 bo gink de bloet auer Eyberstebe des negesten bages na S. Brictii, ben habben wy up einen Manbach, unde brack in tho Kating.

Anno 1509 des bages negest na S. Nicolai bo was de wint so groth, dat de torne tho Garbing ummestörte, unde ock vele huse unde wintmölen alse hier unde in beme Norbstrande unde alberwegen.

Anno 1513 bo starff konink Hans van Dennemarcken.

Anno 1515 bo bykeben de van Kolbenbüttel ben nyen koch in, geheten S. Leonarbus koch (auch Peterskoog genannt), bo dat beep ersten geslagen wart, bo ret de Bischop van Swauestebe bar auer, bo he auerkamen was by 30 robe, bo was dat beep webber wech, auerst in ben verben bach habbe wy dat beep webber mit gabes gnade unde bramer (frommer) lube hülpe.

daß es wieder wachsen würde.[1]

1502 am ersten Sonntag nach Ostern, Misericordia Domini genannt, wurde in Stendal[2] in der Mark Hof abgehalten. Dort wurde der Markgraf Joachim von Brandenburg der Tochter des Königs Hans von Dänemark angetraut; und der Bruder von König Hans, Friedrich, Herzog zu Holstein, wurde wiederum mit der Schwester des Markgrafen, Anna, verheiratet; und das Beilager wurde abgehalten mit vielen Fürsten, Herzögen, Grafen, Bischöfen, Reitern und Vasallen beehrt und herrlich ausgerichtet, so wie es Fürsten gebührt und wie es Brauch ist.

1507 am Donnerstag vor St. Pauls Bekehrung (29. Juni) starb der Bischof von Schleswig, Detleff Pogwisch, und am Dienstag vor Lichtmeß (2. Februar) wurde Bischof Gosch wieder eingesetzt.

1508 ging die Flut über Eiderstedt am Tage nach St. Brictius (13. November) an einem Montag, und die Flut brach in Kating durch.

1509 am Tag nach St. Nikolaus (6. Dezember) war der Wind so stark, daß der Turm von Garding umstürzte und auch viele Häuser und Windmühlen, nicht nur hier, sondern auch auf Nordstrand und überall.

1513 starb der König Hans von Dänemark.

1515 deichten die Koldenbüttler den neuen Koog ein, St. Leonarduskoog (auch Peterskoog) genannt. Als das Tief zuerst geschlagen war, ritt der Bischof von Schwabstedt hinüber. Als er bis auf 30 Ruten hinüber gekommen war, brach das Tief wieder durch, aber am vierten Tag hatten wir das Tief wieder mit Gottes Gnade und der Hilfe frommer Leute überdeicht.

---

[1] in den vorherigen Stand kommen würde
[2] Stendal (Kreisstadt im Bez. Magdeburg), Mittelpunkt der Altmark, gegründet 1160

Anno 1521 do was de flievinter (Regen=, naffer Winter), do gingen alle de jegen vul.

Anno 1522 im sommer ummetrent S. Johannis do vorbrande de stat Lütke Tunder (Stadt Tondern).

Anno 1525 do wart Sthuert (Sievert) Harmens vaget auer de dre Lande in den whnachten.

Anno 1525 in den whnachten do kofften de van Koldenbüttel den acker van koninck Frederick vor 1000 Mark lüb., darup se kregen einen breff (Urkunde) vor 100 Mark.

In düffeme 1525. jare up der octauen Agneten do was de grothe wint.

In düffeme 1525. jare do wart koninck Criftian vor= dreuen uth Dennemarcken van Hartich Frederick.

Anno 1527 up Sunte Martens dach was dach (Ver= sammlung) tho Tönning mit den Dithmarschen unde deme grotevagede (Amtmann) van Gottorp unde mit deme vagede uth deme Strande (Nordstrand) unde deme vagede in Eyderftede unde mit den 36 düffer drher Lande vul= mechtinge. Dat wort gescheden unde gevunden, wat de ene up deme ander tho klagende habbe van doden (er= schlagenen) lüden, lamen (lahmgeschlagenen) leden (Glie= dern) 2c lack de ene deme andere tho doende unde gude vrede twischen den beiden Landen tho holdende, unde was de ene up den anderen schadet, dat steit bh 16 Mans, alfe 8 Mans uth Eyderftede unde 8 Mans uth Dithmarschen, de schölen se scheden tho dem beften in gudem vrede.

Anno 1529 do haleden de van Thetenbül unde Wefter=Offenbül einen nhen koch in (Ofteroffenbüll).

Anno 1531 do wart erften betenget de Legelickheit (Koog im Often Eiderft.) auer tho dhken.

1521 war ein nasser Winter und die ganze Gegend stand unter Wasser.

1522 im Sommer um St. Johannis (24. Mai) verbrannte die Stadt Tondern.

1525 zu Weihnachten wurde Sievert Harmens Staller über die Dreilande.

1525 zu Weihnachten kaufen die Koldenbüttler den Acker von König Friedrich für 1000 Mark lübsch und sie bekamen eine Urkunde drüber für 100 Mark.

1525 zu der Oktave Agnetis (28. Januar) erhob sich ein großer Sturm.

1525 wurde König Christian aus Dänemark von dem Herzog Friedrich vertrieben.

1527 am St. Martinstag (11. November) wurde in Tönning eine Versammlung abgehalten mit den Dithmarschern, dem Amtmann von Gottorp, dem Staller aus Nordstrand, dem Staller aus Eiderstedt und den 36 Bevollmächtigten aus diesen Dreilanden. Dort wurde entschieden und befunden, was der eine gegen den anderen an erschlagenen Leuten und lahmen Gliedern zu klagen hatte und wie sie das gegenseitig ausgleichen sollten und daß guter Friede zwischen den beiden Landen zu halten sei. Was der eine dem anderen an Schaden antue, das gehöre vor die 16 Mann, d. h. immer 8 Mann aus Eiderstedt und 8 aus Dithmarschen, die entscheiden sollten, was zum Besten sei und einem guten Frieden diene.

1529 gewannen die Tetenbüller und die aus Westeroffenbüll einen neuen Koog. (Osteroffenbüll)

1531 wurde zuerst beschlossen, die ‚Legelickheit‘ (Koog im Osten von Eiderstedt) einzudeichen.

Anno 1531 umme Marien dach kruthwyginge do breken vele jegene (Gegenden) vul, dat de schooff (Garben) dreeff up den acker in Eyderstede unde Symensbarge.

In düsseme 1531. jare do bloyeden de appelbome unde berenbome in dem haruest.

In düsseme 1531. jare do was dar ein Comete in Augustmaen unde sat in dat rechte westen, unde den sach men des auendes ein weinich (wenig) na der sunnen (Sonnenuntergang) unde habbe einen langen swans, de stunt up in dat rechte südwesten.

Anno 1531 wart ersten betenget (beschlossen) auer tho dykende van Hayemor auer wente (bis) up den halligen, unde wart dar na in der grothen vloet Anno 32 wedder vorlaten, unde reet bet in dat 44 jaar, do wart he wedder auergedyket (Darigbüllkoog, Ksp. Mildstedt und Legelicheit, beide 1544 gewonnen).

Anno 1532 des mandages na aller gades hilligen dage do ginck dar so groth water vloet, unde de vloet ginck by dre voden (Fuß) auer alle (ganz) Eyderstede, unde dar vordrenkeden mennich 1000 minschen in alle Waterlande, unde ock vele vees (Vieh) dat dar alderwegen doet bleeff. Tho Wedeswort (Witzwort) vordrenkeden 60 minschen, tho Kolbenbüttel auer de hundert. De lüde dreuen (trieben) van hoge warue (Werfte) mit huse unde gude. Item dar dreeff ein man van Wedeswurt, geheten Jon Dethleues, mit hus, whyff unde ein kint auer de Eyder tho Wulversum (Wollersum), unde behelt dat lyff (Leben), unde vele lüde de dar leuendich tho lande dreuen up hussiden, up span van huse, up balcken, up howklumpen unde up anderem gude. Düsse vloet was ock in deme Norderstrande gantz klegelicken, wente dar vordrunken wol by 1900 minschen junck unde olt, wente

1531 um St. Maria (wahrscheinlich 8. September) brach der Deich an vielen Orten, so daß die Garben auf den Äckern in Eiderstedt und bei Simonsberg herumtrieben.

1531 blühten die Apfelbäume und die Birnbäume im Herbst.

1531 im August stand ein Komet genau im Westen, den man abends ein wenig nach Sonnenuntergang sah. Er hatte einen langen Schweif, der genau nach Südwesten zeigte.

1531 wurde zum erstenmal beschlossen, von Hayemoor bis zu den Halligen zu deichen, aber der Plan wurde später nach der großen Sturmflut von 1532 wieder aufgegeben und es blieb so bis in das Jahr 44. Dann erst wurde er eingedeicht.

1532 am Montag nach Allerheiligen (1. November) ereignete sich eine große Sturmflut und das Wasser stand bis zu drei Fuß (1 m) über ganz Eiderstedt und dabei ertranken wohl 1000 Menschen im ganzen Wasserland und auch viel Vieh ging überall zugrunde. In Witzwort ertranken 60 Menschen, in Koldenbüttel über 100. Die Leute trieben von ihren Hohen Warften mit Haus und Gut. So trieb auch ein Mann aus Witzwort, Jon Dethleves, mit Haus, Weib und einem Kind über die Eider nach Wollersum und blieb am Leben; und es gab viele Leute die lebendig zum Land trieben auf Hausseiten, Hausdächern, auf Balken, Heuhaufen und anderem Gut. Diese Flut war auch auf Nordstrand ganz schrecklich, denn dort ertranken wohl an die 1900 Menschen, jung und alt, sogar

Ein paſtor unde twe prediger zaart
De moſten ock mede up der vaert.

Unde ſo makede ock deſülue bloet XI wele klein unde
groth, de grotheſte tho Popheuer (Buphever, vergangen,
auf Pelwormharde) inleep, de was auer de 40 Elen deep.

(Anno 1532[1] do ginck de grothe bloet 8 dage vor
S. Marten, de ginck 3 elen hoch auer alle Eyderſtede,
unde dar vordrenkeden vele volckes unde vees in düſſem
Lande unde deſüluige bloet was ock in Dithmarſchen unde
in deme Strande, unde deſülueſt im Nortſtrande vordren=
keden by 1600 minſchen, unde dar weren dre preſter mede,
unde ock vele vees dat dar dot bleeff.)

Anno 1532 do was dar ein Comete in dat often
umme S. Gallen dach, unde ſin ſwants ſtunt in dat
rechte ſüdoſten, unde is geſeen by ſes weken unde ging
up vor dage.

Anno 1533 do ginck noch eens de bloet des man=
dages vor aller hilligen in Eyderſtede unde in deme
Strande, deme erſten was he in der thoge nicht gelyk,
noch thobrack he vele meer de dyke. De nye inſettelſe in
Pilworm nam he gantz wech, ſe moſten mit de morlüden
tho rechte gaen, eer dat ſe wolden ere dyke unde wele
(Wehlen) helpen mede (mit) auerſlaen.

Anno 1533 do ſtarff koninck frederick up einen guden
donnerdach unde licht tho Sleßwyk in deme dome begrauen.

In düſſeme 1533. do was dar ein Comete umtrent
Marien dach tho lateren int nordoſten, ſin ſwantz ginck
up int oſten, unde is geſeen bykans 4 weken, unde ginck
up des auendes, darna quam de beyde (Krieg) in Denne=
marcken.

---

[1] Dies aus der zweiten Handſchrift von Johann Ruſſe an
den Rand geſchrieben.

ein Pastor und zwei Prediger zart,
die mußten mit auf diese Fahrt.

Diese Flut machte 11 Wehlen, kleine und große; die größte war in Buphever (Pellwormharde), die über 40 Ellen tief war.

(1532 ereignete sich 8 Tage vor St. Martin [11. November] eine große Flut, die drei Ellen über ganz Eiderstedt stand. Dabei ertranken in diesem Land viele Menschen und viel Vieh. Dieselbe Flut wütete auch in Dithmarschen und auf Nordstrand. Auf Nordstrand ertranken an die 1600 Menschen, darunter auch drei Priester. Es gab auch viel Vieh, das dort verendete.)

1532 am St. Gallustag (16. Oktober) stand ein Komet im Osten und sein Schweif stand rechts nach Südwesten. Er ist sechs Wochen lang gesehen worden und er ging vor Tagesanbruch auf.[1]

1533 an einem Montag vor Allerheiligen (1. November) ging die Flut noch einmal über Eiderstedt und Nordstrand. Sie war der ersten an Höhe nicht gleich, noch zerbrach sie mehr Deiche. Die neue Befestigung in Pellworm nahm sie ganz weg. Die Pellwormer mußten mit den Moorleuten zu Gericht gehen, bevor diese helfen wollten, die Deiche und Wehlen zu befestigen.

1533 an einem Donnerstag starb König Friedrich. Er liegt zu Schleswig im Dom begraben.

1533 am Marientag (8. September) stand ein Komet im Nordosten. Sein Schweif stand aufrecht im Osten und er wurde ungefähr 4 Wochen gesehen. Er ging abends auf. Danach kam der Krieg in Dänemark.

---

[1] der Halleysche Komet, period. Komet mit einer Umlaufzeit um die Erde von 76 Jahren. Erstmals 187 v. Chr. nachgewiesen

In düsseme 1533. jare do wart de nye dyk gelecht twischen Katen unde Grothaluerssem.

Anno 1535 dre dage vor der hemmelvaert Christi do togen de van Lübeck deme Hochgebaren Försten unde Heren H. Christian Hartogen tho Sleßwyck unde Holsten, in sin lant, roueden unde branden dar dre dage unde nachte, eer se dem Försten habben entsecht, unde nemen middeler tyt in borge (Burgen) unde slote (Schlössern) mit vorraschen, alse Oytin (Eutin) unde Trittow (Trittau), unde brantschatteden ock etlicke houe unde dorpe (Dörfer), unde nemen ock etlicke koy uth deme lande tho Oldenborch unde Plöne. Darna hefft sick Hartich Christian tho Holsten mit siner manschup unde underfaten (Untertanen) upgemaket, unde sine viende de van Lübeck gesöcht, de he in deme ersten thogange (Kampfe) hefft uth deme velde geslagen, also dat dar tho stede mennich erliker lantsknecht is liggen gebleuen, unde is mit sinem volcke ummegewendet wedder na Oytin unde hefft dat ingenamen unde ock darna Travemünde.

Anno 1537 do quam de grothe walvisch tho Sunte Peter vor wynachten.

Anno 1538 des sondages vor der hemmelvaert Christi do hagelde it tho Vullerwyck, dat alle korn, alse roggen, weten, garsten, haueren unde bonen, vordoruen wart, deme gelike in dem Holm unde Westerheuer, ock vele schape unde gose sin van hagel doet gebleuen.

Anno 1538 do ginck de bloet up S. Nicolaus dage in Eyderstede unde in Dithmarschen unde ock in der Westerheuer unde Strande.

Anno 1538 do was dar ein Comete umtrent S. Anthonius dach, hadde int westen sinen swants gruwlicken

1533 wurde der neue Deich zwischen Kating und Großolversum gelegt.

1535 drei Tage vor Christi Himmelfahrt zogen die Lübecker in das Land des hochwohlgeborenen Fürsten und Herren H. Christian, Herzog von Schleswig und Holstein, raubten und brannten dort drei Tage und Nächte, bevor sie dem Fürsten Fehde angesagt hatten, nahmen durch Verrat in Burgen und Schlössern inzwischen Unterschlupf, wie Eutin und Trittau, brandschatzten auch etliche Höfe und Dörfer und nahmen auch viele Kühe aus dem Lande Oldenburg und Plön. Danach hat sich der Herzog Christian zu Holstein mit seiner Mannschaft und seinen Untertanen aufgemacht und seine Feinde, die Lübecker, gesucht, die er dann im ersten Kampf aus dem Felde geschlagen hat, so daß dort auf der Stelle manch ehrlicher Landsknecht liegen geblieben ist; und er ist dann mit seinem Heer nach Eutin zurückgekehrt, hat es eingenommen und danach auch Travemünde.

1537 wurde vor Weihnachten ein großer Walfisch vor St. Peter angeschwemmt.

1538, am Sonntag vor Christi Himmelfahrt, hagelte es in Vollerwiek so sehr, daß alles Korn, also Roggen, Weizen, Gerste, Hafer und Bohnen verdarb. Das gleiche geschah in Utholm und in Westerhever; auch sind viele Schafe und Gänse durch den Hagel getötet worden.

1538 am St. Nikolaustag (6. Dezember) brach die Flut in Eiderstedt, Dithmarschen und auch in Westerhever und Nordstrand ein.

1538 ungefähr zu St. Antonius (2. Mai) stand ein Komet am Himmel und hatte im Westen seinen greulich langen Schweif bis in den Zenith,

land wente in dat heuelte, des sach men des auendes, warende (dauerte) by 14 dagen.

Anno 1538 do verbrande Meldorp des vrydages na Philippi unde Jacobi.

Anno 1540 do was be koninck van Dennemarcken tho Husem in ber weken na Reminiscere unde be 36 (Gevollmächtigte) mit der brier lande Raet (Ratleuten).

Anno 1540 in beme sommer was it so droge dat me konde tho S. Martens dage in alle holle (leeren) groue (Graben) gaen.

Anno 1540 do vorbranden tho Husem wol 400 huse unde stelle uppe hemmelvaerdesbach.

Anno 1541 do was be olde Hartoginne (Herzogin) up den Garden tho S. Johannis dage.

Anno 1544 wart be Risebam gemaket van der Halli=gen wente hen int norden na der greninge, auerst be Greninge wart Anno 45 auer gebiket.

Anno 1546 des dingesdages na Vocem Jucunditatis do wart ersten betenget tho bykende hen uth na der lege=lickheit van der Hallige wente hen auer na Pabeleck (ehe=maliges Kirchspiel in der Lundenbergharde) einen nyen kock, auerst dat beep wart in büssem jare nicht auer ge=byket, sunder so vele dat be grothe syle gelecht wurt, unde hen uth gebyket wente up des beepes Egge, unde so is it des jares berowen bleuen. De erste störte is hir tho gedreuen am ersten dage Junii.

Anno 1547 is besülue bauengeschreuene byk webber angevangen umtrent Meidach, unde den sommer auer mit grother bekostinge gebyket wente hen tho S. Margarethen bach, unde umme bensüluen bach Margarethens des morgens eer be sunne upginck, is dat beep auergeslagen mit grother velheit der storten unde wagen, alse van der

den man abends sah. Das dauerte 14 Tage.

1538 am Freitag nach Philippi und Jakob (1. Juni) verbrannte Meldorf.

1540 in der Woche nach Reminiscere (österliche Fastenzeit) war der König von Dänemark und auch die 36 Bevollmächtigten der Dreilande in Husum.

1540 war es im Sommer so trocken, daß man zu St. Martin (11. November) in allen leeren Gräben gehen konnte.

1540 am Himmelfahrtstag verbrannten in Husum wohl 400 Häuser und Ställe.

1541 am St. Johannistag (24. Mai) war die alte Herzogin auf der Garde.

1544 wurde der Risedamm gebaut, der von der Hallig bis zur Grenninge im Norden reichte, aber die Grenninge wurde erst 1545 eingedeicht.

1546, am Dienstag nach Vocem iucunditatis[1] wurde zum erstenmal beschlossen, einen neuen Koog draußen von der Hallig bis hinüber nach Paddelek einzudeichen, aber das Tief wurde in diesem Jahr nicht überdeicht. Nur soviel wurde gemacht, daß das große Siel gelegt wurde und bis auf die Kante des Tiefs wurde es eingedeicht. So ist es in diesem Jahre belassen worden. Am ersten Juni ist hier der erste Karren hingeschüttet worden.

1547 im Mai ist der oben beschriebene Deich wieder in Angriff genommen worden und den Sommer über mit großem Aufwand gebaut worden bis zum Tage der St. Margaretha (20. Juli). Morgens am selben Tag, ehe die Sonne aufging, ist das Tief mit vielen Sturzkarren und Wagen überschlagen worden, die sie

---

[1] 5. Sonntag nach Ostern

Eyderstedischen siden de karspel alse Kolbenbüttel, Webbes-
wort, Oldenswort, Tönning, Grothe Aluerssum, Kotsen-
bül, Tetenbül unde Bluersbül, ane wat de van der geest-
siden vor hülpe habben.

Anno 1547 des ersten dages Junii, dat was des
midwekens in den pingten, do was dar ein gantz hele
Crütze an der maend gelick alse eine wintmöle, de mit
vullem segel angebunden stunt an ein Dwercrütze, schynde
gantz helle unde licht unde crützewys dorch de maend,
unde dar were ock auer ider ende van deme grothen
Crütze eine kleine Crütze, unde was geschicket albüs:

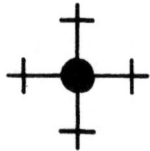

unde dat warende van des auendes wente dat de dach
anquam, unde do de maene noch bomeshoch was, do
bleeff dat Crütze bestaende, unde de maene be ginck under,
unde dat Crütze vortoch sick dat men nicht en wuste wor
it sick vortoch.

(Hier endigt diese Chronik in Johann Russes Abschrift.)

———

von den Eiderstedtern, den Kirchspielen wie Koldenbüttel, Witzwort, Oldenswort, Tönning, Großolversum, Kotzenbüll, Tetenbüll und Uelvesbüll hatten, ohne zu zählen, was sie von der Geestseite an Hilfe hatten.

1547 am 1. Juni, mitten in der Pfingstwoche, sah man ein ganz helles Kreuz am Mond, geradeso wie eine Windmühle, die mit vollen Segeln wie ein Querkreuz angebunden stand. Das Licht war hell und leuchtete wie ein Kreuz durch den Mond. An jedem Ende des Kreuzes war noch ein kleines Kreuz und zwar folgendermaßen:

Es dauerte von abends bis zum Tagesanbruch. Als der Mond noch baumhoch war, blieb das Kreuz stehen und der Mond ging unter. Das Kreuz verschwand, daß niemand wußte wie es sich verzog.

Neuerscheinungen

Erna Jöns: **Ick will min Stewein woller hemm,** un annere St. Pe-
teraner Geschichten, 10 Zeichn., von Käthe Grosse, kart. DM 7,90

Erna Jöns: **Laat dat noch een eenziges Maal blitzen**
68 S., Zeichn. v. Käthe Grosse, DM 7,90

Werner Klose: **St. Peter-Ording** (Bildband) 72 S., 60 Abb., dreifarb.
Umschlag, kart. DM 9,80

Werner Klose: **100 Jahre Bad Sankt Peter-Ording**
(Vom Badekarren zur Badekur) 144 S., ca. 60, teils farbige Ab-
bildungen, geb. DM 9,00. **Einmalige Sonderausgabe** zur Jahr-
hundertfeier des Nordsee-Bades.

Jürgen-Erich Klotz: **Strandsegeln,** Geschichte und Technik, 56 S.,
15 Abb., Zeichnungen und Karten, kart. DM 8,50

Wolfgang Lindow: **Eiderstedter Sprichwörter** und Erzählungen aus
der Chronik von Eiderstedt, nach der Handschrift von Moritz
Nissen. 80 Seiten, kart., DM 9,80

Fritz Wischer: **Lach man mal!** (8. Aufl.), 40 S., Zeichn. v. Else Dircks,
DM 7,80

Zu beziehen durch Ihre Buchhandlung

Verlag H. Lühr & Dircks
Inh. Jürgen-Erich Klotz
Badallee 10, 2252 St. Peter-Ording
Telefon (0 48 63) 4 09

In Vorbereitung

Friedrich Johannsen: **Vom Boßel, Klootschießen und Bowl.** Geschichte und Bedeutung dieses Volkssportes an den Küsten der Nordsee. 128 S., ca. 50 Abb., Zeichnungen u. Faksimilie, Hln., ca. DM 28,00. Sonderpreis für Mitglieder der Boßel- und Klootschießervereine

Aus der alten Produktion des Verlages

E. Bruhn: **Chronik von Koldenbüttel,** 172 S., kart. DM 8,50

Hans Hinrichs: **De beide Döschers,** (In eiderstedter Platt) 29 Seiten, geh. DM 2,50

J. Jasper: **Kaspar Hoyer,** Ein Staller in Eiderstedt, 60 Seiten, kart. DM 2,50

Gustav-F. Meyer: **De golln Vagel,** Holsteensch Volksmärchen, 134 Seiten, kart. DM 6,00

Fritz Wischer: **Jochen Mähl Gedenkbook,** Rutgewen to sin 100. Geburtstag 1927, 303 Seiten, kart. DM 8,00

Zu beziehen durch Ihre Buchhandlung

Verlag H. Lühr & Dircks

Inh. Jürgen-Erich Klotz
Badallee 10, 2252 St. Peter-Ording
Telefon (0 48 63) 4 09